最 **ㄅ** 的學校

Thomas Armstrong　著

陳佩正　譯

THE Best Schools

Thomas Armstrong

How Human Development Research Should Inform Educational Practice

現在來看看菲爾德的未來。
它將會轉變為考試的工廠，
或是你我這樣的人可以持續生存的地方。
目前看來，那是一項值得我們揮汗去努力執行的任務嗎？

— 《我整天為他們服務》（ *To Serve Them All My Days*；

譯註：1972 年由英國作家 R. F. Delderfield 所寫的暢銷小說，

後來在 1980 年改編為 BBC 的電視劇）

目 錄ontents

關於作者 ··· ii

譯者簡介 ··· iii

序論 ··· iv

翻譯心得 ··· vii

前言 ·· 001

CHAPTER ① 學業成就信念 ································· 007

CHAPTER ② 人類發展信念 ································· 043

CHAPTER ③ 幼兒教育教學活動：遊戲 ······················ 089

CHAPTER ④ 國民小學：學習認識這個世界如何運作·············· 115

CHAPTER ⑤ 國中：社交、情緒和後設認知的成長 ················ 147

CHAPTER ⑥ 高中：為學生面對真實世界的獨立生活能力做準備

··· 179

結論 ·· 201

附錄 ·· 209

參考文獻 ·· 213

索引 ·· 229

•正文旁數碼係原文書頁碼，供索引檢索之用

|關|於|作|者|

湯姆・阿姆斯壯以前是一位老師,也是十三本書的作者——包括了《因材施教》(*In Their Own Way*)、《多元智慧豐富人生》(*7 Kinds of Smart*)、《對於過動兒的迷思》(*The Myth of the A. D. D. Child*)、與 ASCD 出版的《多元智慧的教室》(*Multiple Intelligences in the Classroom, 2nd ed.*)、《喚醒教室裡的天才》(*Awakening Genius in the Classroom*)、《多元智慧的閱讀與寫作》(*The Multiple Intelligences of Reading and Writing*),以及《教室裡對待注意力缺失過動疾患學生的替代方案》(*ADD/ADHD Alternatives in the Classroom*)等書籍。他所寫的書籍已經被翻譯成二十一種語文。讀者如果想要和作者連繫,請寫信到 P.O. Box 548, Cloverdale, CA 95425, USA。電子信箱:thomas@thomasarmstrong.com。相關的網址:www.thomasarmstrong.com。傳真號碼:707-894-4474。

THE Best
Schools

|譯|者|簡|介|

陳佩正，目前服務於國立台北教育大學自然科學教育學系。希望透過翻譯不同類型書籍，提供自己一個自我成長、進修的管道。近年來除了投入各類型書籍的翻譯之外，也策劃遠流的《魔數小子》童書繪本系列，期望透過活潑有趣的數學繪本，引導更多學生喜愛數學。對科學發展史也在最近幾年發展出濃厚的興趣，想把這冷門的學科轉變為可愛的學科。另外，譯者也走入國中小校園，想要積極主動建立教育大學與國中小之間的合作夥伴關係，除了強化國中小教育以外，也可以提升國中小準老師的培訓模式，更能提升自己在國中小教育現場的應變能力。

THE Best Schools

序 論

　　教育的目標為何？設置學校教育的主要目的是否就是要訓練年輕學子通過一層層的考試，並且獲得優異的成績？或者就如皮亞傑所說的：「培訓年輕學子為他們自己作些思考，並且盡可能不要在接觸新構想的當下就立刻接受它？」這就是這本重要書籍所要強調的議題。阿姆斯壯分析這兩個教育目標反應了不同的教育理念，當然也引導和指出不同的教學價值觀、思考模式和實踐工作。這兩種信念中的一種稱為學業成就信念〔Academic Achievement Discourse；透過「把每個孩子帶上來」（No Child Left Behind）的法規教唆〕，目前正主宰教育現場。另一個替代方案是人類發展信念（Human Development Discourse），可以在一些公立學校、特許學校和私立學校找到蹤跡，他們根據學生的發展需求、興趣和能力來研發課程。推動人類發展信念的學校，阿姆斯壯在這本書中稱之為最夯的學校。

　　為了要針對學業成就信念的個案做適當的反擊，阿姆斯壯對這個信念導向做了簡短的歷史回顧，並且詳列這類教學法的十二個負面後果。這些負面後果當中的某些部分，像是考試領導教學，及不夠關懷在學生個別的、文化和種族上的差異，都是對「把每個孩子帶上來」這個法規耳熟能詳的批評。不過，當這些負面後果都聚

集到一個焦點後，整體影響力非常深遠，以至於讓我們不得不懷疑為何這種功能性極差的教育信念會這麼強勢主導目前的教育界。當然，答案是我們在校園裡的所作所為和我們所知道對於孩童有效率的教學法是完全沒有關聯的。相對的，我們在公立學校的所作所為主要是由社會、政治、經濟和文化考量所決定，所以孩童的最佳利益通常反而被嚴重的忽略了。

與他針對學業成就信念相對應的批評，阿姆斯壯也同時呈現了人類發展信念的簡短歷史，並且條列了這個教學導向的十個正向後果。再度的，許多針對人類發展信念所提出來的論點在教育界也都耳熟能詳。這些論點包含了讓每一位學生理解自己的優勢和能力的類型，並且允許學生對他們的學習環境有所掌握。阿姆斯壯辯稱雖然學業成就信念的量化成就測驗成果提供教育夥伴一個簡單快速的方式，來記載教學的結果，不過人類發展信念的好處是長遠的，並且最能夠採用質性評量的方式表達出來，這也是評量學習進展方面同樣有效的評量模式。

在這本書的其餘部分，阿姆斯壯針對人類發展信念可以如何運用在學齡前、小學、國中和高中，做了適當的說明。阿姆斯壯在這部分說明了在這些不同的層級應該發揮哪些核心的教學方法。在學齡前階段，教育應該從學童的遊戲衍生出來；也就是說這個發展階段的學習大多是內在導引出來的，所以幼兒的教師可以圍繞或透過孩童的自發性興趣建立課程。在小學教育方面，根據阿姆斯壯的觀點，應該聚焦到協助學生理解這個世界是怎麼運作的，主要的學習就是讓他們主動積極地參與投入真實世界的活動。國中階段的學

生，當他們獲得第二層的推理技能時，應該強調社交、情緒和後設認知的成長。最後，在高中階段應該全心投入於準備讓學生在真實的世界能夠獨立生活。

　　在本書最後幾章，阿姆斯壯針對這四個不同的教育階層提供許多在實踐方面發展合宜的建議和導引；他也提供一些在學業成就實踐方面應該避免的範例。最後這幾章其實才是真正把這本書和那些專門處理理論或教學事務者區隔開來的重點。阿姆斯壯既是一位學者，也是一位實務工作者，他有轉化人類發展信念的理論假說到實際教學策略和實踐的能力。因為如此，所以這本書是非常必要的指南，其可以導引我們邁向人類發展信念的教學實踐，並進一步嘗試把它運用在幼稚園到高中的教育階層。

　　　　　　　　　　大衛·艾肯（David Elkind）

翻譯心得

　　會陸續翻譯許多與教育相關的書籍——特別是在教師市場萎縮的情況下還持續翻譯，絕對不是因為翻譯是一件賺錢的事情。坦白說，不管從名望或金錢，或是勞累的程度來分析，在國內進行外文書的翻譯，對於多數大學教員來說，都是不智之舉。通常都是指派苦命的研究生翻譯指定的章節，再由教授統一將所有章節的文字順一下，就成了教授的翻譯作品。所以長久以來，翻譯外文書在國內沒有獲得該有的地位。從歷史的角度來分析，歐洲古文明陷入漫長的黑暗時期之後，要不是有許多人將歐洲古文明的書籍，從其他外文再翻譯成歐洲人熟悉的拉丁文，可能就沒有文藝復興的大放光明。不過，在國內這麼一片低迷的翻譯氛圍下，我為何還要持續翻譯這些書呢？

　　首先，我相當喜歡作者的哲學觀點才會想要翻譯他的作品。不過以一位環境教育專業人士來說，早年唸教育哲學時，也不甚了解，所以趁著翻譯的機會，好好地閱讀相關的教育哲學基礎，把自己這些弱勢的項目加以強化。這本書的作者將哲學區分為兩大類：人類發展的哲學和學業成就的哲學，並且把相關重要人物做了整理。翻譯和閱讀最主要的差別是，為了要做到翻譯的任務，我個人會努力去了解這兩大派別的代表人物的理論和代表作品，免得在翻譯完之後，對於這些影響深遠的偉大思想家仍然陌生。至於在翻譯

期間，看到書本提到的許多優秀學校和相關計畫，當然更是直接上網去了解他們的辦學模式和遇到的困難。坦白說，和一些學校長期合作，我當然了解作者所提到的優秀學校，絕對不是一開始就非常優秀，甚至原本可能是非常墮落的學校。是怎樣的機會讓這些學校脫胎換骨，以及我可以從這樣的轉型機制找尋到哪些策略協助和我合作的學校呢？因此翻譯帶給我全新的生命價值，要不然我應該不斷翻譯我最熟悉的環境教育或科學教育，然而在過去這段時間裡，這些領域都不是我的主要譯作。

另外，在師範院校（現在改稱為教育大學）服務十多年了，發現一個現象：除了英文科的老師以外，國內國中小老師的英文能力普遍有待改善。面對回鍋的國小老師（早期的師專畢業生回到學校念師院，或師院畢業生回到學校念研究所），每當我們要求研究生閱讀一些簡單的英文文獻，他們對於英文文獻的感受，簡直就像是要我去閱讀日文或其他語文的文章一樣的沒有感覺。通常都是一群同學把指定閱讀的文章拆解成班上選課人數的數量，再由班長統一把每一位同學翻譯的部分整理成一份完整的文章，這樣選課的學生才會開始閱讀指定閱讀的文章。確實，早期師專時代，因為畢業後到國小擔任教職，根本不可能會教導英文這門課，所以絕大多數──如果不是全部──師專時代畢業的國小老師，即使在國中或初中階段的英文是全校最棒的菁英，經過師專的五年培訓，英文退化的速度可能比光速還快。所以畢業多年之後，這群老師對於英文已經產生一種逃避的心態，不期望閱讀英文文章。在這種身教的情境下，我們的國小學童看到老師逃避英文的學習，就會出現國內

的學生在英文的表現上和其他學科領域一樣，成為 M 型或稱為兩極化的學習成就。英文好的學生驕傲的不得了，上課不必聽老師解說也能夠在考試中獲得高分；英文不好的學生上課也聽不懂，所以只好選擇持續逃避英文。畢竟他們的老師逃避英文這麼久，都不會有問題，所以他們短暫的逃避又怎樣呢？有一陣子幫忙某家出版社策劃數學繪本，也到許多電台接受主持人訪問，我發現多數電台主持人在國中階段就已經放棄數學了。當時我還笑著和這些主持人開玩笑：「沒有關係，數學不好，還是有資格當主持人！」在學校的學習似乎變成了一種逐漸淘汰不適合自己的學科領域的「磨練」，而不是引導學生去享受學習的樂趣。在這樣的情境下，我們看到最近發表的新聞：台灣在全世界的英文表現方面，讓國人抬不起頭來。你有沒有這樣的經驗呢？看到外國人，趕緊挑選避開他們的路徑行走。如果碰到外國人和附近的人聊天，聽起來簡直就是外星文！萬一，倒楣一定要和外國人溝通，那麼你的大腦是否要經過底下四道程序：

1. 將他們所講的英文記下來；

2. 將這些英文翻譯成中文；

3. 以中文的方式回覆這個問題；最後

4. 將中文的回覆翻譯成英文。

　　如果你和外國人的對話有上面的問題，那麼和國內多數民眾的英文屬於同一等級，不必擔心，大家都一樣差勁。誰也不必笑誰是「菜英文」！

　　我個人曾經是學校的英文逃兵，上英文課簡直就是災難，偏偏每星期都要遭逢好幾次災難。在那種情況下，逃避英文成了一種無奈的心情下的妥協。學英文有許多管道，但是絕對不可以逃避！我是到了高中才採用自學的方式把英文勉強弄到可以閱讀英文文章的程度，雖然算很會考試，卻完全無法和外國人交談。那時我發現國內的英文教學因為注重發音的「正統」或「字正腔圓」，而讓許多學生喪失英文會話的能力。而這就不在這裡詳細說明了。

　　翻譯這些書，並且在文章裡添加我個人在美國生活多年，在他們的國小（當時擔任華文學生的隨堂家教工作，賺取微薄的薪資來度過求學生活）、國中和高中（當時擔任國高中實習老師的視導，陪伴這些實習老師成長，也讓譯者實地體驗教學視導的專業可以強化老師的教學專業能力）的真實經歷所體驗到的教育文化，以便讓讀者能夠了解文章的意涵。不過更重要的，就是我把作者提到某些重要的關鍵人或事件的原文也放在文章裡，期望讀者在閱讀時，如果對於某些關鍵人物有興趣，只要一指神功：把這些關鍵字輸入google 或其他搜尋引擎——特別著重在網頁和知識的搜尋上，就會陸續看到許多相關的國內外報導，那麼這些書（包含這一本）的功能就會提升很多，也可以讓你閱讀本書的意義加倍。這是我把許多原文放在這本書的主要原因。舉例來說，國內教育界對於杜威耳熟能詳，但是每當我詢問學生「杜威提倡的『生活即是教育，教育即是生活』的教學現場大致上如何進行呢？」學生通常就會陷入一片死寂，這表示大家都會背誦那些段落文字，卻不了解段落文字背後的意義，乃至於相關的哲學觀當然也就只能夠學到皮毛。

　　另外，翻譯這本書，還有一個額外的目的，那就是期望國內的教育界開始轉向人類發展信念。國內最近幾年推動九年一貫課程，卻遭到許多責難。這些責難真的是莫須有的罪名。其實九年一貫最早的精神：「帶得走的能力」的培養，絕對是正確的決定。不過從這個精神標竿開始，卻幾乎一路錯到底，就如底下幾個關鍵點所說明，任何一個關鍵點出問題，就會招致九年一貫是爛課程的批評：

1. 到底如何決定要有多少領域？如何決定原先的哪些學科領域要合併成某個領域？是否有足夠的研究證明那樣的合併是合理的呢？還是妥協的做法？為何某些領域幾乎就是原來的學科，而某些領域卻涵蓋許多原先的學科呢？這些都是懸而未決的問題，有待善心人士去好好處理，免得國內的莘莘學子在辛苦讀書多年之後，才發現他們欠缺某些重要能力的培養。所以雖然有相關研究指出我們的九年一貫課程和日本的教育改革一致，但是拷貝日本的課程是否代表我們的教育界沒有認真努力呢？正如同我們認為國內的綜藝節目幾乎都是抄襲日本或其他國家的綜藝節目，教育改革模仿其他國家的教育改革是否真有必要呢？

2. 即使確認了領域包含的學科，那麼領域的能力指標如何決定呢？有沒有研究證明哪些能力指標可以結合成為某些帶得走的能力呢？或者根本還沒有多少教育界的夥伴真實的研究能力指標和以往的認知綱要有哪樣的差別呢？如果沒有，那麼該怪誰呢？

3. 有了能力指標後,能力指標的詮釋是依據個人的背景不同而有不同的詮釋,或是有一套在國內各地都適用的詮釋呢?原則上許多能力指標的文辭深奧,讓人無法理解他們的意義。譯者還記得,有一次拿到一本北歐某個國家的課程綱要,薄薄一本,上面沒有太多華麗的詞彙,但是每一頁卻都有許多漂亮的畫作,增添閱讀時的鑑賞機會。是否我們太強調「專業」,卻遺忘了國小和國中學生不是「成年人的縮影」這樣的事實呢?

4. 教科書的編輯委員如何挑選他們想要涵蓋的能力指標呢?九年一貫的所有能力指標在教科書的內容到底出現多少重疊的部分,哪些能力指標完全被忽略了呢?重疊不見得是壞事,但是過度的重疊對於學生的學習是一種戕害。相對的,缺漏的部分很難檢視,不過卻會為未來的國民帶來莫大的傷害。所以追根究柢還是要確認九年一貫的能力指標是否涵蓋未來的公民所需要具備的基本能力?我們國家是否有進行任何研究,以深入探究二十年,乃至於五十年以後的公民需要哪些基本的知識和技能才得以在一個地球村的工作環境下謀生?

5. 教科書的審查制度是一個傷害九年一貫課程最深的管道。這裡說的是審查的制度,不是指審查委員或編輯人員,而是審查制度。九年一貫課程推動一啟動,每學期每領域就要審查通過至少三個版本。有些領域還好,參與的出版社不多,可以慢慢審查。不過有些領域(特別是英文領域)參與教科書編輯的出版社特別多,那麼一個學期要通過審查的出版社,會不會急就章呢?一旦通過三家,許多出版社也會把通過審查的版本拿去

「參考」，稍微修改，就成了只要有心參與，幾乎人人上榜的情況。在這樣的情況下，教科書的品質確實令人憂心。何況，只經歷短短半年時間的編輯和審查，就可以使用相當久的時間，是沒有多少道理的！

6. 即使教科書有問題，老師有沒有質疑的精神或完全不理會教科書的內容而獨創教學內容呢？國內有多少老師搭配學校本位課程，發展他們學校的學校本位課程呢（我比較偏向學校學區本位課程，也就是以策略聯盟的模式，邀請同一地區的學校策略聯盟發展課程）？國內一所明星學校的校長提到：「學校本位課程不要去做，還是好好把教科書內容教導給學生就夠了。學校本位做得愈好，死得愈慘！」相信這樣的信念是因為國內對於學校（或學區）本位課程有嚴重的迷思，且老師在設計發展課程的能力更有待加強的情況下，才會產生這類的情況吧！

7. 學生的個別差異，是否只要老師肯用心，學生肯學習，就一定學得起來呢？國內習慣私塾時代那種搖頭晃腦、認真抄寫的學習模式，不過我們都已經進入資訊時代，卻仍然延續三千多年前的學習模式。最可怕的是我們對於學生的學習評量模式，居然還停留在科舉時代的考試模式，是否落後太多呢？

如果老師果真獨創自己的教材，那麼家長是珍惜老師這樣的努力，還是覺得這樣的老師不可取，期望把這樣的老師以不適任的名義趕出校園呢？追究原因，原來國內有個隱形的殺手：聯考，雖然現在更改名稱為指定考試或其他名稱，但是換湯不換藥（這樣好像對大考有所不尊重，不過大考從過去的嚴格把關，到現在的錄取

率 100%，逐漸放鬆標準，反而把學生的學習集中到補習班）。既然有這個「教學品質管理者」（teaching quality control）把關，那麼老師的教學似乎就必須朝向大考的方向去猜想。所以原本期望給學生多一些機會的考試制度，卻變成孩子們暑假的惡夢：原本早年的聯考可能只需要在三年級（國中或高中）的下學期努力衝刺，對許多優秀的學生來說就夠了！所以早期的暑假是學生的天堂，做什麼事情都可以，主要是放鬆大考的壓力。現在呢？為了因應考試，暑假期間，每一所國中和高中都把二年級升三年級的學生召回學校密集練習考試的能力，甚至把學生在全校的排行不斷地昭告學生和他們的家長，繼續擴大這種大考的壓力。許多學校的三年級學生必須每個晚上在學校持續的「自習」，否則一定要家長簽名同意不到學校「自習」。這種強調學業成就至上的觀點，讓國內的學生痛恨學習，以及伴隨學習而來的閱讀（對國內民眾而言，閱讀等同於應付考試，所以一旦從學校畢業，沒有考試把關，為何還需要閱讀呢？），這點也可以從國人每一年買書的數量看出來：購書量在全世界的排名也是讓我們汗顏。如果讀者能夠了解，學生的學習比較的是人生的下半場：三十五歲以後的成就，不是還沒有進入高中之前的學校排名，那麼我們或許有機會提供優質的學習環境，讓我們的學生在學習的歷程當中進行摸索和探究。套用美國教師兼太空人的一句話來結尾：「我很開心在太空中探索一些未知的事情。我更開心的一件事情，就是教學和太空實驗是一樣的，特別是教學是和學生一起探究未知的事情，讓教學的樂趣加倍！」

　　最後，但絕對不是影響力最小的一項，甚至可能是作者最想要傳遞的訊息，就是各級學校的課程內容是否需要重新檢視呢？我們先看看北歐幾個高度發展但資源匱乏的國家——包含丹麥、芬蘭和瑞典等國家，他們的國中小教育和國內（以及我們長久以來用來當作參考指標的英、美、日等國）幾乎南轅北轍。有興趣的讀者可以參考《芬蘭驚豔》這本書（吳祥輝，2006），書中提到芬蘭全國人口不到台灣的四分之一，但是在世界上的地位相當高。其中最關鍵的就是他們在全世界各國學生閱讀能力和其他相關能力的競賽當中脫穎而出。他們要求學生在高中畢業之前至少要學會三種語文。譯者曾經去過瑞士，與他們的學者專家進行一星期的會議，當中詢問他們相關教育的問題，他們的學生是在很自然的情況下，在高中畢業之前學會三種不同的國際語言。這些都是我們夢寐以求，也是未來工作的重要能力指標，到底他們是如何規劃整體課程的呢？回過頭來檢視我們國內各級學校的課程，大學課程是研究所課程的基礎，也就是說研究所課程稍微簡化就變成了大學課程。高中課程則是為了學生能夠進入大學就讀，所以是為了大學做準備，當然課程的難易程度也是大學課程的簡化課程。然後依此類推，國小的課程是大學課程簡化為高中課程，再簡化為國中課程，再簡化為國小課程。所以我們從這裡得到第一個推論：國小學生的在學學習是為了他們能夠進入大學做準備，他們當下的學習是沒有任何意義可言的，因為進入大學就讀是學校師生的驕傲。一旦學生在學的學習對他們沒有意義，那麼他們抗拒學習是必然的現象，只是國小學童在

外觀上還無法和學校的師長相抗衡，所以不會有嚴重的中輟現象。不過到了國中階段，這種單純為了未來做準備的學習模式已經讓許多不適合傳統學習模式的學生感到厭惡，甚至會積極抗拒學校安排的課程，也就會形成嚴重的中輟現象。為了脅迫（抱歉，我使用這麼嚴重的語句來說明學校裡師生的互動現象）學生「至少」看點書，國中老師「不得不」每星期（如果不是每一天）考一次試。所以對於國內的學生來說，讀書等同於為了考試。這樣的心態在國中階段養成之後，難怪大學階段應該是認知發展到達顛峰的時間，卻很少看到學生在大學期間會主動廣泛閱讀：就只因為他們在國中階段誤以為讀書是為了考試，既然大學教授比較少考試，當然就不必擔心要天天為考試而讀書，也就形成國內大家熟知的現象：大學由你玩四年。大學畢業，除非要應付考試進入公職部門，否則就不可能想要主動讀書，也就形成前文提到的現象：國人每年買書的總金額在世界各國排名是倒數的。這種長期追蹤學生的學習態度和國內許多怪異現象的不斷推陳出新，是一般研究主題無法發現的現象。

當然一些在高中教學的老師可能不認為這樣有什麼錯。至少他們看到學生還在學習。不過容許我說得更直接一點，如果我們簡單的區分為明星高中和其他高中，那麼這兩種學校會有截然不同的學習狀況。在明星高中裡，學生通常屬於天之驕子，也就是在某些智慧方面有特殊的強項，例如數學資優。他們在學校的上課時間，可能遠比他們的老師在解數學題目時更有效率。補習班的「小家教」變成了他們展示優秀天分的場所。在學校的時間通常變成相當被動，或自由自在不受約束。我在教導大學生的時候，會遇到許多明

星高中的學生表現出一種不受約束的行為舉止，或許是這階段所培養出來的學習態度吧！至於非明星學校的高中生，他們通常在補習班把自己的能力培養起來。我這麼說不是故意詆毀高中老師的教學能力，事實上，許多在高中任教表現良好的老師通常最後會去開設補習班──既可以集中在一門學科的鑽研，還有更多的薪資和獲得更高的社會地位。非明星高中的學生和明星高中學生最主要的差別或許就像是譯者的小犬所分析的：「明星高中的學生想要超越同年齡者，乃至於所有人類的表現；非明星高中的學生想要在班級或學校獲得第一名。」這當中的差距就像是作者所談到的自比性和常模比較模式的差別吧！

我經常詢問我的學生，在大學求學期間，每個學期有十八個星期，那麼他們真正像期末考一樣認真讀書的日子，在整個學期占了多大的比例？可悲的是，通常不到一星期，就已經是全班前三名（期望國內的最高學府會有不同的表現）了；考前一天開始認真的還有機會獲得中間的名次；至於那些在考試前看到同學都在翻書還問別人在幹嘛的學生呢？當然就獲得倒數的名次了！這是教育想要引導學生進入主動學習的境界所該規劃的方式嗎？或者這實際上是一種反教育呢？

既然知道目前的缺失，我們是否有可能重新規劃一整套各級學校的課程呢？什麼樣的課程可以讓學生主動積極的學習呢？作者針對不同層級的學校提出最夯的構想。其實，以目前網路世界的無遠弗屆，我們期望學生學習的最重要項目之一，應該就是學習如何學習的能力，也就是期望他們在學習某些項目獲得成就感之後，將那

樣的學習模式複製在他們不熟悉的項目上，持續發展他們的學習。所以重點不是為了未來做好準備，而是當下每一天的學校生活讓學生獲得學習的成就感。成就感會帶動後續的成就感陸續產出。如果我們的學生只有前幾名可以獲得老師的肯定和認同，那麼其他不擅長學校主科學習的學生，就會到網咖、幫派和許多我們目前無法想像的場所找尋他們的成就感。我最常講的一句話是：「人從一出生就想要獲得成就感。如果在學期間無法從師生互動獲得學習的成就感，那麼學生主動到虛擬空間找尋真實的成就感，就一點也不令人感到意外了！」

陳佩正
寫於國立台北教育大學

前　言

　　一本名為《最夯的學校》的書中，應該可以包含一份很長的
學校清單，這份清單上的學校大概是根據某些清晰的傑出表現標
準來排列的。《美國新聞和世界報導》（*U.S. News & World Report*;
Morse, Flanigan, & Yerkie, 2005）曾經根據這樣的標準提供一份
「最棒的大專院校」排名；《新聞週刊》（*Newsweek*）則提供了一份
「最棒的高中」排名（Kantrowitz et al., 2006）；還有許多網際網路
的網站針對國小的排名提供類似的清單（相關範例請參考：www.
learn4good.com）。不過這本書並沒有這樣的意圖。相對的，我的
目標是根據到目前為止，以我們對人類發展的了解為基礎之最棒的
教學實踐。在這本書裡，你將會看到來自於五十多所投入最夯的教
學實踐的學校所提供的相關範例。不過並沒有根據任何特定的順序
來排列這些學校的排名，至少我深信還有許多其他學校也應該被涵
蓋在這些清單裡。在《新聞週刊》的調查研究裡，高中的排名是根
據底下的方程式計算出結果：在一所學校裡選修大學預修課程和國

1

2

際學士測驗的學生人數除以應屆畢業生的總人數。在這本書裡沒有
方程式的計算。我相信創造這類型的方程式的任何嘗試，或是想要
提供一份「最夯學校」清單的構想，是這個國家（以及全世界）使
用測驗的分數和「一套嚴格的學業課程」當作定義學校是否提供一
個超級棒的學習環境的主要標準所帶來的紛擾趨勢前兆。相對於測
驗的分數和嚴格的課程標準，在這本書裡我更關心的是學校如何回
應他們的學生在發展方面的真實需求。

　　因為我使用發展方面的標準來定義「最夯的學校」，所以我需
要在這裡釐清到底我是如何界定「適宜發展」和「不適宜發展」之
教學實踐的。當然，每個老師都了解，如果有人把一本大專院校使
用的微積分教科書丟在一名兩歲的孩童面前，並且期望她在一年的
時間內精熟教科書裡的內容，在發展方面是非常不合宜的做法。不
過在這種清楚明白的情境以外，「適宜發展」真實的意義就會因人
而異，有非常廣泛的可能詮釋了。我曾經看到有些教育界夥伴認為
文本段落的學習和直接教學法是適宜發展的教學實踐（Kozloff &
Bessellieu, 2000）。我不贊同。

　　我也發現到在十幾、二十年前有些教學實踐被認為是不適宜發
展的作為，現在竟然也被視為適宜發展的教學實踐了。一個不錯的
範例就是在幼兒教育階段使用標準化測驗。在 1987 年，全國幼兒
教育學會（National Association for the Education of Young Children;
NAEYC）發表一份立場說明，提出警告反對在孩童八歲之前進行
大多數的標準化測驗。不過在十六年後的今天，NAEYC 放棄這項
立場，相對的，提出一項關鍵建議，說明他們在這方面的立場是

「要將合乎倫理道德、合宜、有效和可信的評量當作每一個幼兒教育機構的核心部分」（2003, p. 10）。同樣的，在十六年前，當時的我正在為一個全國性的家長雜誌撰寫一篇關於電腦和幼兒方面的文章（Armstrong, 1990），所接觸到的許多兒童發展方面的專家多數反對在幼兒四歲之前有任何使用電腦的機會。現在，如果有人想要剝奪三歲幼兒為了準備面對高科技的未來而接觸電腦的機會，就會被視為邪說異教。不過我將在這本書的第 3 章提出那樣的作為是否恰當。

　　我相信，在過去二十多年來教育界對於哪些教學實踐應該被考慮成「適宜發展」的定義有所改變，主要是因為我在這本書所宣稱的「學業成就信念」正在逐漸成長茁壯，甚至主宰了教育界的每一個實踐。在這種信念下所使用的單字和詞彙包含了「績效」（accountability）、「標準化測驗」（standardized testing）、「足夠的年度進展」（adequate yearly progress）、「把每個孩子帶上來」、「縮小成就差距」（closing the achievement gap）和「嚴格的課程」（rigorous curriculum）。在第 1 章，我將針對與這個目前正被教育界熱烈擁抱的信念有關的核心要素、歷史發展和問題做詳細說明。在第 2 章，我強烈地鼓勵教育界的夥伴將這種學習的狹隘定義拋諸腦後，並回到在過去一百年內那些針對人類發展提出重要思想的偉大思想家所建議的教學實踐——蒙特梭利、皮亞傑、佛洛伊德、史戴納、艾瑞克森、杜威、艾肯和迦納——以及腦神經科學家在近年來對於兒童和青少年階段的腦部如何發展的最新發現。以這種方式來思考，可能在教育界塑造一個煥然一新的信念：人類發展的

3

信念。在這種信念下，教育夥伴和教育研究者需要非常關注學齡前幼兒、國小學童、青少年和高中生的學生個體在生理、情緒、認知和心靈世界存在非常大的差異，接著才能發展出一些教學實踐，針對這些發展需求上的差異做適當的處理。

這些年來，當我們使用「發展」這樣的字眼時，幾乎就意味著「學生在預試的表現和他們在後測的表現有何差異」。因此，「適宜發展的教學實踐」這樣的詞彙不再意味著學生在不同的年齡應該參與投入哪些類型的教學實踐，而是他們可以參與的教學實踐。舉例來說，因為研究指出三歲的孩童可以從電腦學到很多事情，根據這項發現，電腦教學就變成「適宜發展的教學實踐」，即使事實上這年齡的孩童的真實需求是要盡量使用他們的五官和周遭世界進行豐富的互動關係，而非和那個「虛擬的世界」進行互動。

4

在這本書，我建議老師和行政人員集中教學的焦點在正規教育的四個主要階段的特殊發展需求：幼兒教育、國小、國中和高中階段。在第 3 章，我建議遊戲或嬉戲是學齡前幼兒和幼稚園學童的關鍵需求，並且建議拋棄目前在幼兒教育的那些高度緊張壓力、專注於學業學習的教學實踐，因為那些教學實踐對於幼兒的成長和發展都會造成傷害。在第 4 章，我建議國小階段孩童的核心發展議題就是去學習認識這個世界是如何運作的，至於那些將這年齡的孩童抽離這個世界（走入高度人工化的學習環境）的教學實踐基本上就是發展上的錯誤引導。在第 5 章，我強調青春期的絕對重要性，以及這階段的教學需要將重點集中在學生的社交、情緒和後設認知的學習，才得以在國中階段創造適宜發展的教學實踐。最後，在第 6

章，我建議「發展合宜的高中」（就像我們提到「發展合宜的幼稚園」一樣，這樣的詞彙應該好好被使用）應該將學校經營的重點集中在協助學生做好*在這個真實的世界獨立生活的準備工作*。請注意，我並不是說這些就是每一個階段唯一的發展議題。

同樣的，我想要說明清楚的是不管學生的發展階段為何，這些目標的任何一項對*每一位*學生都非常重要，高中生在他們的學習過程中也應該可以享受愉悅的心情，就像學齡前的幼兒需要發展社交、情緒，甚至是後設認知的學習能力（例如，當他們在玩「山大王」的遊戲時）。不過，我真的想要強調的是，針對每一個階段都有特定的發展特色（例如，學齡前幼兒還未發展完整的大腦皮質、國小學童比較寬廣的社交情境、青少年前期的青春期經驗，以及高中學生已經接近成年人的事實），這讓我所挑選的每一項目標在創造校園最棒的教學實踐上，都顯得特別的重要。

迫使我撰寫這本書的原動力是我對於因每一個教育階層的學生在學業成就上的沈重壓力，而導致許多老師忽略了孩童和青少年的真實發展需求相當關心。督促學生獲得比較高的測驗分數，並且要求*每個*學生在閱讀、數學和科學方面都要展現高度的精熟程度，正在每一個教育階層傳遞一些反射現象，例如它創造了受到過度壓力的高三學生、暴力行為的八年級學生、專注力不夠的三年級學生，和被剝奪童年時光的四歲小孩。我們絕對不能夠允許這樣的情況持續下去。應該是我們回復到人類成長和學習的大哉問的時刻：我們怎麼做才能協助每一位學生發揮他們的真實潛能呢？我們怎麼激發每一個孩童和青少年去發現他們內在渴望學習的熱情呢？我們應該

5

如何做才能尊重每一個個體經歷的獨特生命旅程呢？我們應該如何做才能夠激發學生發展成為成熟的成人呢？如果老師在瘋狂地試著提高學生的測驗分數時，遺忘了這些問題，那麼我們所熟悉的文化將會在某一天突然中斷。我寫這本書是希望這樣的日子永遠都不會到來，並且，我們將孩童和青少年最適當和自然的發展當作最神聖的責任，以及當作我們這些老師想要持續傳遞人性光輝的策略。

CHAPTER ① 學業成就信念

　　對於那些相信學習本身就是一項值得追求的信念，並且堅持學校教育的主要目標就是要培養學生成為具備全人人格的教育夥伴來說，這是一段艱困的日子。今日這個世界對於教育界的要求，似乎就是較高的測驗成績。為了要達成這樣的目標，行政主管繃緊神經，想要滿足政治方面的議程；老師則是以考試領導教學的方式（teaching to the test）回應這樣的要求；學生則是以考試作弊、服用「學習的類固醇」（合法或非法的精神振奮劑），或乾脆不理會學校對於他們的各項要求來回應這些政策上的要求。學習當中激勵人心的經歷、自然與文化方面的疑惑、人類經驗的豐富程度，以及獲得新的能力所帶來的喜悅，在這種想要滿足限定額度、截止期限、標竿、強制命令與目標導向的運動下，已經普遍在教室裡被棄之不用或遭受到嚴重的壓縮了。

　　在教育方面導致這項危機的直接原因就是 2001 年通過的「把每個孩子帶上來」（NCLB）的法規，這項法規大幅度的擴張聯邦

政府在每間教室確切進行的教學活動中所扮演的決定性角色。它有許多條款，包含每一年測試學生在閱讀和數學方面的成就表現（從2007年開始，也包含自然科學方面的成就測驗），以及要求學校以遞增的方式達到每年足夠的進步情形（adequate yearly progress, AYP），直到<u>每一位</u>學生到2014年都可以在這些學科領域達到100%的精熟程度為止（譯註：這項法規把每年進步的空間保留給各州政府去詮釋，所以有些州政府可能要求州內學校每一年以相同的進步幅度來達到聯邦政府的法規要求，另一些州政府則可以要求州內學校在2014年達到這項要求即可。不過，最近許多美國的學生家長抗議教育改革帶來許多專有名詞，讓他們完全搞不懂教育改革的方向，當然就無法協助子女在學校的學習發揮效果）。如果一所學校無法維持每年進步的情形，將會導致學校受到懲處，包含該校的學生獲得特定的家教，或是轉學到其他維持年度進步的學校就讀的權益，最終可能導致這樣的一所學校被定位成見習的場所，最後可能由政府或企業界接管學校的整體運作（譯註：為因應台灣少子化的趨勢，全國有五百多所迷你學校有即將遭遇併校或廢校的可能；目前有些縣政府給這些迷你學校轉型的機會，讀者可以參考《遠見》或《天下雜誌》的相關報導。顯然國內的教育政策和美國的教育政策幾乎一致）。雖然NCLB曾經受到許多團體的歡呼和擁抱，認為這是政府嘗試縮小貧困者和少數族群在學業成就差距的一大步，不過實際實踐後，卻陸續揭露一堆原先想像不到的困境（相關案例請參考 Archer, 2005; Karp, 2003; Klein, 2006; Lee, 2006; Olson, 2005）。

　　不過，NCLB 除了法規本身原有的許多特定問題之外，最令人困擾的就是它代表過去八十多年美國境內的教育實踐所累積的能量吧！ NCLB 最具有破壞性的神話可能就是它將會把我們在教育方面的對話，從成為人的教育（我稱之為「人類發展信念」），劫持到一個聚焦於測驗、標準和績效的對話空間（也就是我所謂的「學業成就信念」的對話）。在這一章當中，我將會說明學業成就信念所包含的假設，探究它在美國教育上的歷史沿革，並且詳細說明它破壞了教育夥伴努力想要在學生身上進行深遠且正向的可能影響。在下一章，我就會探索人類發展信念的假設、歷史沿革和正向的後果。如果真的想要理解這個國家最棒的學校構成要素，就有必要釐清我們到底是說那些在標準化測驗獲得最高的測驗成績且達到每一年足夠的進步空間的學校，或是還有其他許多更具有人性和人道的要素是我們需要認真考量的項目。

⚽ 學業成就信念：定義

9

　　首先，讓我解釋我想要「信念」（discourse；譯註：這個字通常翻譯為討論或演說，不過本書作者想要傳遞的訊息比較偏向信念，所以從這裡開始，就以信念表示）這個字表達什麼概念。在《牛津英文字典》裡，discourse 如果是名詞，操作型定義是「透過言語來溝通想法」、「交談的能力」，或「針對一個主題所呈現出來的對話或書寫的論述」（Simpson & Weiner, 1991, p. 444）。在哲學和社會科學的領域方面，這個字有一個比較特定的任務：

信念通常被認為是一個已經被接受的思考方式，針對一個特定的主題可以談論的社會範圍……看起來，信念會影響我們對每一件事的觀點；換句話說，我們不可能跳脫信念的影響力。例如針對各種游擊隊的運作，我們可以使用兩個截然不同的信念來描述他們，一個觀點是「自由鬥士」，另一個觀點則是「恐怖分子」。換句話說，我們所選擇的信念傳遞了我們所使用的詞彙、表情，也可能包含溝通所需要的風格。（Wikipedia, n.d., para. 1）

在教育領域，一個人可能致力於一項「能力不夠的信念」〔看一個孩子的主要觀點是他或她**無法**做得到的事情，透過類似「學習障礙」或是「注意力缺失過動疾患」（ADHD）〕，或是採用一種「不同學習模式的信念」（看一個孩子的主要觀點是觀察他或她學習的方式，並且盡量不要給孩子任何標籤，而是竭盡所能地詳細描述孩子特定的思考和學習方式）。換句話說，兩位老師可能同時觀看一位學生，卻以截然不同的言行舉止，及用書面和口語的方式說明那位學生的學習狀況。

在稍早以前的寫作裡，我投入許多時間來詳細說明這兩種不同信念之間的差異（相關範例請參考 Armstrong, 1997, 2000a）。在這些書籍和文章當中的某些作品，我也曾經使用「典範」當作「信念」的同義字（相關範例請參考 Armstrong, 2003a）。不過我愈來愈偏向使用「信念」，主要是因為它比較能夠精確說明教育夥伴用來揭露他們對於學習和教育的潛藏假設時所使用的真實文字和書面

10

的資料。教育夥伴用來描述學生的字眼、政治家針對教育所發表的演說所使用的文字，以及強制那些信念的法規文字，是對於教室的教學實踐工作有立即、顯著且深遠的三種影響力。在這本書裡，我將會比對兩個截然不同的教育信念：學業成就的信念與人類發展的信念。我的觀點認為教育夥伴今天所使用的文字和書寫溝通的管道或是信念——至少在公開的場合——愈來愈被學業成就的信念所主宰。

那麼我到底用學業成就信念代表什麼概念呢？我用這個詞彙來說明一種言論和書面觀點，一種把教育的主要目標看成是要支持、鼓勵和協助學生在學校及那些與學校課業有關聯的標準化測驗中獲得高分，特別是與核心學科部分的成績有關聯的言論與書面的資料。不過，學業成就信念遠遠超越這個簡單的定義所提供的訊息。有許多假設塑造了學業成就的信念：

假設 1：學業課程的知識與技能是學習最重要的項目。

學業成就信念的第一個觀點明白地告訴我們，在學習歷程當中，學業才是值得關注的。在學業成就信念中，最重要的就是強調**學業課程內容**（文學、自然與數學）與**學業技能**（閱讀、寫作、解決問題和批判思考）。畢竟這些學科領域都是學生在 2014 年必須精熟的學科知識和技能，NCLB 法規也期望學校在這些學科領域方面符合每一年都能有所進步的情況。當然，我們也可以相當有信心地把資訊科技（IT，包含電腦技能）添加在這個殿堂裡。

11　　　在學業成就信念上暫時屈居第二的是歷史、社會科和外語的學習。學科領域的知識和技能卻被視為學業成就信念**之外**的學科領域（除非在這些學科領域的成就可以以統計學的方式和學業成就扯上關係），其包含了音樂、戲劇、藝術、體育、各式各樣的職業教育（例如：汽車維修和食品烹飪），以及號稱為「生活技能」的項目（例如：為人父母的技能或家庭計畫、諮商輔導和引導、個人的看護與健康教育；譯註：去年來台灣訪問的哈佛大學教授迦納博士的夫人最近寫了一篇文章，倡導藝術教育不見得一定要能夠啟發其他學科領域的學習，才有必要在學校課程涵蓋藝術教育，確實說明這樣的心態。我們很少聽到數理教育可以啟發其他哪些科目的學習，而是單就因為它是數理教育或語文教育，就有必要涵蓋這樣的學科領域的教學）。因此，抱持學業成就信念的人在學習足球時，學習足球相關詞彙就遠比真正地**踢**足球來得更重要。產生一條美國內戰時的時間線（譯註：有時候這條時間線也稱為魚骨頭線，就是把重大事件依據發生的年代先後條列在一條數線上的做法）也遠比學生能夠以戲劇化的方式呈現那場內戰時的重大事件來得重要。當然，能夠背誦人體 206 條骨骼的名稱，也遠比一個人能夠透過合宜的飲食習慣與運動來好好照顧那些骨骼來得重要多了。

假設 2：只有透過分數和標準化測驗才能測得學業成就。

　　學業成就信念的第二個關鍵點——**學業**，也清楚地說明教師是如何想要讓學生參與學科領域的知識與技能。老師想要讓學生

在這些領域都獲得**高成就**。《牛津英文字典》定義「成就」為「達到目的、完成或透過努力而獲得；完成、實現、成功的表現」（Simpson & Weiner, 1991, p. 12）。因此，學業成就信念的支持者認為想要獲得成功的表現，就需要透過各式各樣的努力，才得以獲得學科領域的知識與技能。

　　學業成就信念如何定義成就是否真實發生了呢？可以這麼說，對於每一位學生，決定他們是否獲得真正的成功表現有一種非常重要的評量方式，就是透過本質上是**數量取向**的方式來評鑑。換句話說，**數字**（在等級和測驗的情境下）被用來評斷學生是否精熟學科領域的知識與技能。獲得平均分數 4.0 的學生（在這裡 4 分等同於 A 的等第）會被視為有所成就，而獲得平均分數 1.0 的學生則被視為沒有什麼成就。在閱讀的標準化測驗得分在 99 百分位數的學生會被認為是高成就者，而在 14 百分位數的學生則會被視為低成就者。

12

假設 3：學業成就信念偏愛嚴格、均勻一致，而且對每一位學生都同樣要求的學業課程觀點。

　　學業成就信念方面經常聽到的一句話就是「提高門檻」。這句話意味著學業要求愈來愈嚴格，而且學業科目也比以往的課程更加嚴謹（例如：在學校開設大學預修或進階課程，或國際學士課程的學業要求）。學業成就信念提倡一種情境：要求每一位學生盡量選修那些看來比較困難的課程；選修比較多的課業；更認真地讀書；比以往還要多好多倍的家庭作業；投入更多時間在閱讀、寫作和解

決問題的活動上（這是相對於那些被視為比較軟性的學習活動，像是訪談、角色扮演和戶外教學活動）。

　　同樣的，學業成就信念的支持者偏愛讓一所學校的每一位學生都選修相同的課程，並且以同樣的熱忱投入那些課程領域的學習，透過傳統的學習模式，像是作筆記、遇到問題就舉手發問，並且使用相同的教科書等。學業成就信念通常不會偏愛個別化教學、考慮個別學生的學習風格，或是給予學生足夠的選擇，讓學生可以挑選他們想要學習的素材和方式。

假設 4：學業成就信念主要是為了學生的未來著想。

　　學業成就信念的學習通常不會因為學習本身而受到重視，因為學習本身就是一件值得且能滿足學習者渴望的事情。相對的，學習的發生是為未來做準備。老師希望學生在學業上獲得成就，這樣學生才會針對未來可能發生的某些事情做好準備（例如：挑戰、大學或是工作）。有時候，即將來到的那個未來是教學的焦點。例如幼稚園老師可能會這麼說：「我並不想要讓我的學生寫這麼多學習單，不過為了**準備**即將到來的一年級課程，我不得不這麼做。」在幼兒教育方面經常使用的一個字眼：「準備度」（readiness），是學業成就信念會使用的關鍵指標。不過有些時候，更遙遠的未來是慢慢衍生出來的。例如當一位政客這麼說：「我們這個國家的學校在標準化測驗所獲得的低分數，指出我們並沒有為學生面對 21 世紀的挑戰做好準備。」他就是傾向於學業成就那種未來導向的面向。

13

假設 5：學業成就信念本質上是在進行比較。

　　學業成就信念有個明顯的偏愛，就是要在學生*之間*、學校*之間*、學校學區*之間*、各州*之間*，甚至於各國*之間*進行比較，而不是以長遠的觀點來看在群體*裡*實質上到底發生了哪些變化。所以，舉例來說，一位學生在一次標準化測驗的表現就會用來和一群學生在相同的情況之下，在另一次時間或地點所實施的標準化測驗的成績做比較（一個「基準的」測量）。學業成就信念偏愛使用這種方式來看待那位學生經過一段時間的學習後的成效改善〔一個「自比的」（ipsative）測量〕。以組織的層級來分析，學業成就的信念使用測驗的成績來比較一個州裡面個別學校或學校學區的表現結果。有愈來愈多的訊息說明這些測驗的結果會張貼在社區的報紙或網站，像是 www.greatschools.net 之類的網頁，這樣學生家長就可以更完整地投入學業成就觀點的運作。

　　當我們把世界各國的學生之數學、自然科學與閱讀的成績進行比較時，就會讓學業成就的這個向度展現它的終極表現。政治人物就可以埋頭致力於學業成就信念的範疇，說出類似包含在「把每個孩子帶上來」法規的執行總結報告：「我們的高中畢業生在國際數學測驗落後於賽普勒斯和南非的學生」（U.S. Department of Education, 2002, p. 1）的陳述。

14

假設 6：學業成就信念根據合乎科學的研究報告結果來宣稱它的合法性。

　　在提倡學業成就信念的起因時，教師和那些埋頭致力於學業成

就信念的人們，經常會提到教學策略和介入，與他們的標竿、評量模式，其都有合乎科學的研究資料支持。同樣的，當他們為自己的立場作辯護時，他們經常指控那些批評者所偏愛的活動計畫欠缺合乎科學研究的資料來佐證。這樣的詞彙經常會提到一些合格的研究者，那些具備哲學博士、教育博士或醫學博士頭銜（PhD, EdD, MD）的專家所做的統計研究資料，這些資料還刊登在同儕審查後才能夠發表的教育、心理學和科學的專業期刊。「把每個孩子帶上來」的法規包含了一百多篇有科學研究成果為依據的研究資料，或類似的資料，也為這個詞彙提供了更加特殊的定義，它建議各種比較一定要採用一個隨機控制的測試，才是教育研究方面的金字招牌（Olson, 2002）。我從美國聯邦政府的教育部所出版的小冊子（U.S. Department of Education, 2003）摘錄一段文字來佐證這項觀點，如下：

> 舉例來說，在一個隨機控制的測試模式裡，假設你想要了解三年級的新數學課程是否比你們學校現在所使用的三年級數學課程更有效。你應該隨意指派一大群的三年級學生當作實驗介入組，使用新的數學課程，或者指定另一群使用現有課程的學生當作控制組。接著你應該在一段時間之後測試這兩組學生的數學成就。這兩組學生在數學成就方面的表現差異代表新課程與現有課程之間的差異。（p. 1）

假設 7：學業成就信念通常發生在一個由上而下的環 15
境，擁有比較大的政治權力的某些人可以為比
較沒有權力的人們頒布方案、步驟和政策。

　　許多學業成就信念的推動不是來自於教室裡的老師，而是來自於那些擁有政治權力的人們，例如總統、州長、立法委員或是大公司的總裁。根據他們的演說內容（例如，「我們的孩子們在國際的構想市場裡正處於落後的情況」）以及他們的書面資料（例如，NCLB 的法規制訂），他們創造了一種氛圍，讓教師們必須埋頭致力於學業成就信念的參與。同樣的，那些在教育範疇中投入這個信念的人們，也是位高權重的人，例如州政府教育廳的官員、學校學區教育局長（譯註：譯者在幾本書的翻譯中，都把 superintendents 譯為學校學區教育局長的頭銜，國內沒有相關的身分，只得依據美國地方分權的概念來闡釋）、校長和其他的行政人員。接下來輪到他們創造一個環境讓那些在他們底下工作的人們（通常是老師）和他們使用相同的語言，特別是當這些視導人員和行政人員出現時就必須使用同樣的語文。產生學業成就信念的其他權力來源包含家長、學校教育委員會與大眾媒體的成員，他們定期報導全國性的測驗結果。這個食物鏈的底層就是學生群體，他們沒有多少權力可影響自己的學習，不過仍需要以自己的方式投入學業成就信念。例如，某位學生可能會問另一位學生：「昨天的測驗你得到幾分？」（譯註：這裡提到「權力的文化」的概念；目前掌握權力核心的人們偏向學業成就信念，也就是將統計分析視為嚴謹的教育研究的唯一之道，強烈反對質性研究的研究者。在這種情況下，要為學生的

學習增添生命，似乎只有先飆高學生的測驗分數才有機會發言，及參與權力的文化核心。對於權力的文化有興趣的讀者，請參閱《錯綜複雜的教學世界》一書中「寂靜的對話」那一章，由 Lisa Delpit 所撰寫的文章）。

假設 8：學業成就信念的底線連結到分數、測驗成績，最終就會連結到金錢的運用。

在教育方面，學業成就信念的底線是依據成績等第和測驗分數。例如，如果學生無法維持特定的平均分數，或通過影響深遠的畢業考試，那麼他們就不能夠從高中畢業。同樣的，學校在 NCLB 法規的要求下，如果無法在學生接受標準化測驗的過程中，達到每一年有足夠的進步空間的要求，就會受到處罰。

16 　　然而，仔細探究背後的原因，就會發現學業成就信念最想要獲得的終極結果就像下述情境：有一位學生在進階考試或是高中所開設的國際學士課程的選修中，獲得平均 4.0 的分數（或更高的分數），或在 SAT 獲得完美的 2400 分；進入一所優質的學院或大學，像是哈佛、耶魯、普林斯頓或史丹佛大學；在那些學校獲得最高的可能分數；以最優異的學業成績畢業；在一所研究所或專業學校或其他的學士後研究機構的測驗中獲得最高分數；然後（也就是在這裡才能夠獲得先前所有的投資報酬）接受社會所公認最誘人的工作──律師、醫生、企業主管、投入研究的科學家和其他可能的各種工作角色。

這種情境代表我們這種深受企業文化影響的成功角色。不過，就像我們即將在下一章所讀到的內容，教育還有其他的目標可能和學業成就信念的這些目標具有同等或更重要的價值，等待我們去發掘。

⚽ 學業成就信念的歷史沿革

雖然關於學業成就信念的任何歷史發展的探討，必定因為它所挑選關鍵事件有所差異而有些主觀，不過我相信有可能建構一個概略的輪廓來說明我們在學業成就信念上愈來愈投入的運動（請參考圖 1.1）。如果美國教育容許我在學業成就信念的發展歷史上挑選一個事件，我將會挑選在 1893 年出版的中等學校研究委員會（Committee on Secondary School Studies）的建議〔也稱為十人委員會（Committee of Ten）〕。這個小組是由全國教育學會所創造的，由當時哈佛大學的校長查里斯・艾略特（Charles Eliot）擔任主席。召開這個小組會議是想要為 19 世紀正在全美各地逐漸展開的現象──也就是愈來愈多元化的學生族群，以及一套愈來愈岔開的課程──找出對應的秩序。當中特別重要的項目就是探討學校課程應該有多少份量反應那些想要進入大學求學的學生的需求，這些學生的需求是和那些「終端」學生的需求做比較的──所謂的終端學生就是那些不想去大學唸書的學生。十人委員會了解那些想要進入大學唸書的學生，以及那些不想要進入大學唸書的學生的需求基本上是不相同的，最後建議這兩個不同類型的學生族群都要

18

17

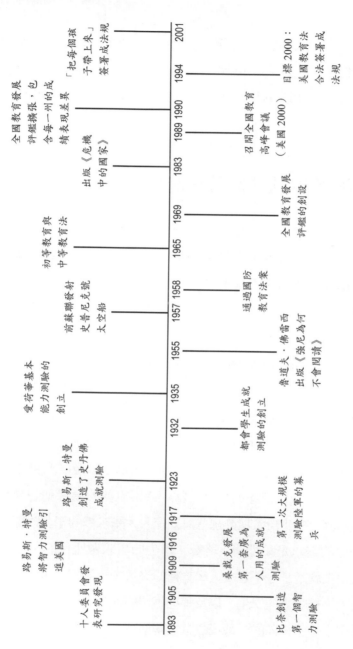

▲ 圖 1.1 學業成就信念歷史發展過程的關鍵事件

選擇一套幾乎是完全根據那些想要進入大學唸書的學生來規劃的整個課程（Pulliam & Van Patten, 1998）。就是以這種方式，學業成就信念變成了美國教育的絆腳石，與一直延續到今天的偏差概念。

在學業成就信念早期發展也占有同等份量的項目就是在 20 世紀早期在美國境內創造與實施的標準化測驗活動。這個運動最早的領導者就是世界上第一位教育心理學者桑戴克（Edward L. Thorndike）。根據大衛‧柏林吶（David Berliner）在 1993 年的描述：「桑戴克提倡的信念認為唯有科學才能夠解救教育。實際上，他認為科學可以解救整個社會。他的信念認為統計的實驗應該更優先於質性的描述、臨床的實驗或自然的觀察等等。」（p. 64）在 1909 年，桑戴克發展第一個標準化成就測驗，普遍地在公立學校使用：也稱為桑戴克手寫量表（Thorndike Handwriting Scale）。另一個關鍵事件是在 1905 年由比奈（Alfred Binet）所創造的第一套智力測驗。1916 年，史丹佛大學的教授路易斯‧特曼（Lewis Terman）出版了一個修正版的比奈—西蒙量表，也稱為史丹佛—比奈智力測驗，他們採用了德國心理學者威廉‧史登的建議，創造了一套單一的智力測驗。就在這種情況下，智力的分數就此誕生了。在 1917 年的 5 月，特曼等人發展了一個大規模的智力測驗，讓美軍在第一次世界大戰招募人才時，可以用來篩選適當的人選（請參閱 Gould, 1996）。1919 年，特曼發展一個全國學童版的智力測驗而獲得洛克菲勒基金會（Rockefeller Foundation）的經費贊助。在一年內，有四十萬個測驗在公立的小學實施過。1923 年，特曼

發展了史丹佛成就測驗（Stanford Achievement Test；譯註：到目前為止，美國高中畢業生通常還需要接受 SAT 或 CAT 的測驗，並且根據這項成績的好壞，獲得不同大學的獎學金，可謂影響深遠），這是許多全國性的成就測驗當中的第一個測驗，其他的測驗包含了 1932 年出版的都會學生成就測驗（Metropolitan Achievement Test），以及在 1935 年出版的愛荷華基本能力測驗（Iowa Test of Basic Skills）。接下來的八十多年已經有成千上萬的學生接受這些測驗。桑戴克與特曼因此讓標準化測驗大規模的使用，也就成了美國境內學業成就信念背後的推動力量。

　　快速轉到 1955 年，一位叫魯道夫・佛雷西（Rudolf Flesch）的奧地利移民出版了全國最暢銷的書籍《強尼為何不會閱讀》（*Why Johnny Can't Read*），強力攻擊類似迪克和珍系列這類型當時廣泛使用的基本閱讀書單，並且批評閱讀教學所使用的「完整的字」（whole word）或「看看就會說」（look-say）的方法（Flesch, 1986）。佛雷西的書籍倡導聲音基礎教學法（phonics；譯註：一種強調正確的發音與拼字的語文科教學法）應該成為教導閱讀的方式。佛雷西批評美國的語文教學中有一部分提到美國學生在閱讀方面落後歐洲學生，而且他認為公立學校如果無法教導學生，就會對美國的民主社會造成威脅。佛雷西因此參與了學業成就信念諸多範例中的第一波運動，同時也被剛建立的媒體王國大量報導，這樣的報導也轉變成全國性的辯論，讓社會大眾都熱衷討論教導學生的方式。在他的這場聖戰裡，佛雷西提出許多學業成就信念的假設，包含了閱讀應該比其他的學校科目更重要，將美國學生在學業方面的

19

實作表現和其他國家的學生進行比較，並且把閱讀方面的落後與未來可能發生的事件做連結：那就是民主機制的惡化。

全國民眾所關切的美國學童的這些不好表現在 1957 年 10 月 4 日被相當程度的放大渲染，也就是前蘇聯政府發射史普尼克號太空船到外太空的時間點。接下來那個月，氫彈發明人——美國科學家愛德華‧泰勒（Edward Teller）的相片出現在《時代雜誌》的封面，泰勒在那一期的文章中提出這樣的警訊：「許多民眾擔心我們將會被蘇聯攻擊。我也無法倖免於這樣的擔憂。但我不認為這是他們可以打敗我們的所有方式中最可能發生的。他們在自然科學方面的進展將會遙遙領先，讓我國的自然科學發展變得大幅落後，屆時他們進行自然科學的方式就會帶領全世界，那時候我們就真的一點也使不上力了。」（"Knowledge is Power", 1957）

國會在 1958 年針對前蘇聯發射史普尼克太空船做了回應，其通過國防教育法案，同意授權八億八千七百萬美金的預算，在四年內當作大專院校在數理和語文科方面的貸款、學者的獎助、設備和研究的經費（Bruccoli & Layman, 1994）。前蘇聯在太空方面的努力與美國當時的反應產生重要的結果，那就是在法案通過之後，數學和科學在突然間和語文教學並駕齊驅，變成最受重視的科目，在全美各地學校獲得最高預算補助。

1960 年代，當詹森總統因社會的覺醒而決定對抗貧窮時，國會在 1965 年通過初等教育與中等教育法（Elementary and Secondary Education Act），這也成了聯邦政府在美國境內支持過的各級學校教育法規中最大規模的一次。在接下來的四十年當中，透

過這項法規提供的幾十億美金的經費補助，每一年都協助貧困的學校、社區和學童，也因此衍生了許多相關的法規基礎，而成了聯邦政府後來補助許多教育活動相關法規的始祖，這些法規包含了「及早開始就學方案」（Head Start；譯註：為美國在 1965 年提出的一種補償教育方案，提供低收入家庭兒童及早接受幼兒教育）、個別學生學習障礙教育改善計畫（Individuals with Disabilities Education Improvement Act, IDEA）與把「每個孩子帶上來」等法規。這項法規的影響就是大幅擴張聯邦政府在教育方面所扮演的角色，也同時擴張州政府教育官僚在運作聯邦政府補助款時的範疇。

一旦聯邦政府在補助學校經費款項方面擔負起主要的角色之後，很快地就發展出一套全國性的評鑑系統，來監控政府干預教育的有效程度。1969 年，全國教育發展評鑑（National Assessment of Educational Progress），也稱為「國家成績單」（the Nation's Report Card），由卡內基基金會與其他私有財產與聯邦政府的經費補助而成立。後來這個活動就由聯邦政府全權擔負起預算補助和實施過程的責任（Vinovskis, 1998）。全國教育發展評鑑測試九歲、十三歲與十七歲的學生在閱讀、數學與自然科學方面的成就。在此之後沒多久的時間，「績效」（accountability）這個名詞就走進教師的討論和信念裡。衛斯理學院的教授李查・歐曼這麼解釋（2000）：

21　　　　　在 1970 年 6 月，「績效」首度出現在教育索引（Education Index）裡；這是教育方面最普遍的資料庫，也和教學有所關聯。國會圖書館在兩年之後，引進了「教育績效」當作一個

主題的標題。我用關鍵字搜尋的方式（在麻州大學安城分校的圖書館）找出了 585 本書籍，當中只有 6 本是在 1970 年之前出版的，而且這 6 本當中沒有任何一本是關於教育方面的書籍。在 1970 年，由教育學教授李歐恩‧列辛格（Leon M. Lessinger）所寫的《每個孩子都是優勝者：教育的績效》（*Every Kid a Winner: Accountability in Education*）問世；這本書很快地就被視為「績效的聖經」。在接下來的五年當中，十幾本書都是以績效為標題來出版，例如《閱讀教學的績效》（*Accountability and Reading Instruction*）、《績效與社區大學》（*Accountability and the Community College*）、《教育成果的績效》（*Accountability for Educational Results*）、《教師與學校行政主管的績效》（*Accountability for Teachers and School Administrators*）……突然間，績效瞬間變成了教育領域的寵兒，也變成了被認可的研究領域，當然更變成了一項運動。

在 1970 年代，「回歸基礎」的運動（back to basics）逐漸把全國的教育議程轉向學業技能和更高的學業標準的投入和運作，起先這個運動設立的目的是要對抗 1960 年代到 1970 年代早期的開放教育所帶來的一些「負面的效應」（例如：退步的測驗成績）。學業成就信念還有另一個發生在 1981 年的關鍵性歷史事件，也就是雷根總統和教育部長特瑞爾‧貝爾（Terrell Bell）啟動了全國卓越教育委員會（National Commission on Excellence in Education）的設立，其著手調查美國境內各級學校的品質。這個委員會在 1983 年

稱為《危機中的國家》（*A Nation at Risk*）的報告中，痛斥美國境
內的各級學校，指控他們平庸的表現，所以在諸多建議當中，建
議設立共同核心課程，以及全國性的學業標準。它宣稱「每個學
生，不管他們的種族或階層或社經地位，都應該獲得公平的機會，
以及各種工具，以便將他們個人的心智力量和精神發展到極致」
（National Commission on Excellence in Education, 1983, p. 1）。教育
歷史學者黛安・拉薇琪（Diane Ravitch, 2003b）這麼解釋這句話：

> 在老師群中，這個訊息被解讀為「每一個孩子都可以學
> 習」。這個誠摯的座右銘否定了長久以來學校的運作模式
> ——根據學生是否能夠進入大專院校就讀而將他們區分成
> 不同的族群（譯註：也就是國內熟悉的能力分班模式）。「每
> 一個孩子都可以學習」改變了美國境內各級學校運作的遊戲
> 規則；它將辯論的焦點從討論如何獲取資源轉移到關於學習
> 成果的討論。單純提供均等的設施已經不再是足夠的考慮因
> 子；根據學生在標準化測驗是否獲得真正的分數增進，學校
> 需要因應學生的成績而為學校所推動的學習活動和開銷作辯
> 解。「每一個孩子都可以學習」的語詞和哲學觀點對於教育
> 議題有深遠的影響力，因為現在愈來愈清楚的一件事情，就
> 是老師不僅需要設定比較高的期望，同時還要設計方法和誘
> 因，才能夠讓每一位學生都學習更多的知識和技能，也才能
> 夠讓學生投入更多的努力在學習上。在《危機中的國家》之
> 後，每一個州的州政府和州裡每一個學校學區都檢視自己的

22

標準和課程，更改了高中生的畢業要求，並且堅持學生需要
在學術科目方面多選修一些課程。（p. 38）

　　因為前面二十多年的推動，所以在 1990 年代，我們看到許多
追求學術卓越的建議在法律的制訂下，更加站穩他們的立場。1989
年，老布希總統召集了各州的州長進行第一次的全國教育高峰會
議。州長們為了改善事項建立了六個目標〔稱之為美國 2000 年
（America 2000）〕，並且期望在西元 2000 年之前能全數達成這些目
標，包含高中生畢業的人數比例能夠提升到 90％；還要確認四年
級、八年級和十二年級（高三）的學生在英文、數學、自然、歷史
和地理等學科方面都有足夠的能力；更要讓美國的學生在全世界各
國的學生競賽中，特別是在數理方面的成就拔得頭籌。全國性的議
程終於在更嚴格的學業要求下成為全美國每一位學生都要適應的學
習要求。1990 年，全國教育進展的評鑑開始包含每一州的測驗成
績條列（這是一項在 1968 年被許多教育團體擔心測驗結果會被誤
用而極力反對的運動），因此提供一種更精緻的方式來監控學業的
進展，也提供一種方式來比較全國五十州關於這些新的目標上的
實作表現水準。1994 年，柯林頓總統針對「美國 2000」簽署了新
的美國 2000 年目標，並且稱為「目標 2000：美國教育法」（Goals
2000: Educate America Act），這項法規是要建立一個委員會來制訂
學業成就的全國性標準。同一年，國會通過「改善美國學校教育法
規」（Improving America's School's Act），進一步要求各州的州政
府要發展出實作評量的標準，創造一套能夠和那些標準前後一致的

23

評量模式，也要建立改善的標竿（也就是大家熟知的足夠的年度進展情形）。1990 年代的立法活動因此創造了一套全國適用的架構，最後導致學業成就信念的王冠加冕的完成：「把每個孩子帶上來」的法規通過了。

學業成就信念的負面後果

在這一章裡，有些讀者可能會這麼想：「我不了解。長久以來，我一直深信學業成就是一件好事！我們不是想要讓我們的學生認真學習，多學一些，獲得好成績，並且在未來的生命闖出一些名堂來嗎？」我的回覆是這樣的：「那是一定的，我們當然抱持這樣的期許。」問題是，當我們針對教育的對話都局限在成績、測驗分數和一些以科學為基礎的研究上時，在這麼狹隘的架構下，有關於教育的一大部分就會因而被忽略了。此外，過度集中在發展統一的標準、執行一套嚴格的課程和提高測驗的分數會有許多負面的後果，這些負面的後果對於師生所造成的傷害遠多於好處。底下說明學業成就信念所衍生出來之最嚴重的負面後果。

負 面 後 果 1：學業成就信念導致學校師生忽略某些課程的領域，那些是接受完整教育的學生要體驗成功經驗和在未來的生活獲得自我實現能力的一部分。

因為學業成就的焦點是在學業方面，所以舉例來說，職業教育就不會被強化，即使許多學生離開學校教育時，可能需要從職業

教育訓練來獲得他們的謀生技能。因為學業的焦點在核心的主科（閱讀、寫作、數學和自然），所以那些被師生視為邊緣課程的部分（藝術、音樂和體育等等）就會被忽略。舉例來說，最近有一項由基礎教育理事會（Council for Basic Education）所做的研究報告發現，學校愈來愈投入核心領域的主科教學，包含了閱讀、寫作、數學、自然和國中以上的社會科，在藝術、外語和國小社會科方面就比較沒有投入心力，而且在課程的侵蝕方面，最嚴重的侵蝕是來自於有高比例少數族群學生的學校（Von Zastrow & Janc, 2004；譯註：日本在 2006 年底也發生類似的現象，他們發現許多高中跳過非主科的教學，把非主科的教學時間挪用在主科的教學上，導致許多學生的學分出了問題。相信國內也有類似的現象，只是媒體是否報導的差別罷了）。

24

負 面 後 果 **2：學業成就信念導致一個現象，就是讓我們忽略那些無法透過科學方式證明效果的正向教學介入策略。**

就像上述針對假設所做的討論一樣，學業成就信念偏好採用那些可以透過隨機控制的試驗和所謂的嚴謹研究方式所測量到的教育計畫。因此，和個別學生很合得來的教育技術和策略、那些由創意十足的老師用來在靈光乍現的情況下滿足特定的教學挑戰的教學技術和策略，或是透過質性研究方式最能夠測量到的教學技術和策略，都因為這些方式無法透過隨機控制的測驗或類似的量化研究方

式得到研究結果，而被視為是無法令人信服的教育計畫。所以看起來最可能獲得新的教育政策支持，以及獲得所謂有科學根據的教學計畫，就是看起來和那些用來證明他們真正有效的測驗非常相似的活動。因此，舉例來說，直接教學法（Direct Instruction, DI）已經被證明是最有科學根據的教學模式之一。在直接教學法的情境下，老師傳遞經過細心規劃的單元課程給學生，並且把課程的內容切割成許多小區塊，這樣一來，老師可以在確認學生熟悉某些區塊之

25　　後，才繼續教後面的課程單元。使用一些和學業成就測驗相仿的學習單，則間接指出直接教學會成功，是因為它的構成要素和那些用來驗證他們效度的研究工具都包含了一些相似文字的準備（譯註：國內的模擬考試和大考幾乎一模一樣；而且學校經常舉行的大小考試和模擬考試也愈來愈像。在這種情況下，老師的教學要偏離把考試內容直接傳遞給學生的可能性就愈來愈小）。

　　可能導致學生發展出積極主動的正向學習態度、生活技能，或不會反映在成就測驗結果的那些錯綜複雜概念的教學方法就不太可能獲得經費的補助和支持。例如，閱讀專家傑瑞德·柯爾斯（Gerald Coles）（2003）評論 NCLB 法規的閱讀優先的第一項規定時，這麼寫著：「當我看到『閱讀優先』的條款時，腦海浮現麥卡錫主義的黑名單影像。想要申請法規認可的經費預算者很快了解要盡量避開哪些黑名單的概念、專業術語、出版品和學者專家。教育界的夥伴……覺得要盡量配合政策，因為教育預算就是那麼一丁點而已。」（para. 9）

負 面 後 果 **3：學業成就信念鼓勵考試領導教學趨勢。**

在學業成就信念當中，成就測驗變成了測量學生和學校改善情況的唯一或主要工具，所以老師將他們的關注轉向測驗的準備技巧，逐漸遠離學習本身就是學習的主要目的。公平的測驗（FairTest）（2004）這個獨立的研究機構所獲得的結論是這樣的：「『考試領導教學』將課程變得非常狹隘，強迫學校的師生將學習的焦點集中在記憶零散的片段知識。」（p. 1）取代了創造一些讓學生可以自由自在學習的環境，及使用創新和無法預測的方式去探索新的概念和問題，學生現在必須經歷基本上就是測驗翻版的學習經驗。一名紐約的老師這麼報告學生的學習情況：「從 9 月份開始，我們便為學生準備各種考試的預習和複習。當教完一個單元課程，我總會將單元內容和考試的內容做連結。我們都知道，大考總會出現一些信件書寫的測驗題目，所以我們在小考時會給比較多這類的題目。我們知道大考也會出現一些非小說類的散文文學考題，所以我們也必須確認在大考之前會給學生適當的複習。」當她讓學生做練習時，她會設定一個十分鐘的計時器來模擬大考的情境（Winerip, 2005, p. B11）。逐漸的，學校學區開始僱用專業的顧問來協助教導老師如何飆高學生的測驗成績。

負 面 後 果 **4：學業成就信念鼓勵學生作弊和剽竊。**

26

因為在學校表現亮麗的成就指標和每一年少數幾次大考密切關聯，所以學生就會使用一些應試的策略，那些是學校為了學生面對即將來臨的大考而做的準備中所缺漏的項目。也就是說，他們學會

作弊的技巧，以及抄襲或剽竊的行為。美國高中生名人錄（Who's Who Among American High School Students）的一項研究調查指出，這群高成就的學生中高達 80％提到他們在學校時至少有過一次作弊。「夾帶小抄和偷看同學的答案早就不是新鮮事」這是卡洛琳（Carolyn Kleiner）和瑪麗（Mary Lord）的觀察結果（1999）。「熟練的作弊專家依然維持他們的作風，改變的事情是作弊的問題愈來愈嚴重：科技展開了作弊的新管道，學生大膽地使用這些新科技作弊，以及在每一個教育階層裡有愈來愈嚴重的道德沉淪」（p. 54）。

負面後果 5：學業成就信念鼓勵學校老師和行政人員操弄測驗結果。

因為老師、行政人員和州政府層級的教育官員受到法規的壓力，要讓學生交出飆高的測驗分數，才能夠滿足州政府和聯邦政府的要求，所以他們開始進行創意的推拿手法，將學生受測的分數在統計上做些手腳，某些個案甚至會上下一心地全部投入作弊。教育統計人員現在習慣性地提到「武板根湖」（the Lake Wobegon）效應〔根據凱樂（Garrison Keillor）虛構的武板根小鎮的故事，「在這小鎮中的每一位學生的成績都高於平均分數」〕，在這種情況下，每一個州政府研究調查學生測驗的分數都高於平均的受測成績，就統計學的觀點來說，這樣的情況根本就是不可能達成的。在休士頓的學校系統，中輟生在改善休士頓成就測驗的結果中，都被州政府故意遺漏他們的姓名。「休士頓的學校學區回報全市有 1.5％的學生

中輟。不過老師和『六十分鐘』（CBS 的新聞性節目）這個電視節目的專家連繫確認之後，發現休士頓確實的中輟率介於 25％到 50％之間」（CBS News, 2004, para. 14）。在伊利諾州地區，一項由經濟學教授史帝文・拉維特（Steven Leavitt）所做的研究發現，芝加哥地區有 5％的學校學區有老師或校長在國小校園針對學生受測分數進行作弊的違法行為（Leavitt & Dubner, 2005）。

27

負面後果 6：學業成就信念鼓勵學生使用有助於表現的違法材料當作表現的助手（譯註：這裡應該是說，學生為了獲得比較好的測驗分數會無所不用其極地使出各種手段）。

為了應付更有挑戰性、更嚴格的課程和學校的要求，學生愈來愈可能轉向毒品和其他可以強化表現的強化劑以協助他們在完成作業或為了某一次的考試作預習時保持清醒的狀態。在某些情況下，能合法獲得醫師開立利他能（Ritalin；譯註：精神科醫師用來治療過動兒的藥品）、Adderall（譯註：國內目前還沒有中文名稱的藥品，是一種針對注意力不集中的處方箋，不過可能會讓使用者產生自殺念頭）或其他針對注意力缺失疾患（ADD）／注意力缺失過動疾患（ADHD）所開立的精神方面刺激物的學生，會將這些藥物送或賣給同學，以便讓他們的同學可以「飆高學業成績」。「它就像是心智方面的類固醇一樣，學生認為他們需要額外的優勢才能夠進入大專院校就讀」。說這句話的是加州地區巴羅・阿度醫學基金會（Palo Alto Medical Foundation）的健康教育經理貝基・碧

坎（Becky Beacom）。在巴羅・阿度地區針對 1304 位高中學生所進行的研究調查發現，有 7％ 的學生表示自己至少有一次曾經在沒有處方的情況下使用過這類藥物。「它就像是咖啡因或紅牛（Red Bull；譯註：一種提神的飲料，剛在國內銷售，有點類似國內著名的蠻牛飲料，強調喝一瓶就會讓人精神百倍）一樣」。加州洛阿度地區的一名高三學生這樣說。他說他的朋友給他 Adderall，以便讓他更專注在期末考或比較重要的報告之類的作業要求上 ——「它就像是其他的興奮劑（pick-me-up）一樣」（Patel, 2005）。不幸的，這些毒品有其危險性，特別是針對那些未持有處方箋的人來說，危險性更高，包含會讓使用者成癮、產生痙攣，以及在少數情況下會變成精神病患者的危險（譯註：對於學生大量使用毒品當作學業成就方面的刺激品，有興趣的讀者可參考遠流出版社的兩本書：《養男育女調不同》與《Me 世代》。前者提到許多女生為了讓身材曼妙，而且能夠專注課業而使用毒品；後者有一些章節直接詢問高中生使用哪些毒品來維持他們在校園的形象）。

負 面 後 果 7：學業成就信念將課程的主控權從教室裡的老師身上，轉移到設定標準和編制測驗的團體或組織。

　　教學和學習的專家是老師，絕對不是那群政客、政府官員或標準化測驗的製作廠商。不幸的，我們國家愈來愈強調使用成就測驗來測量學校改善的情況，意味著控制結構的權力和學習的潮流將會轉交給那些對教學和學習一點都不了解的官僚。有一位國中老師打算在校園嘗試推動一套統整的課程時，正好遭逢學校通知他學校整

28

體課程將會減少社會科和自然科的教學時間，他對於這樣的變革相當震驚。

> 作為一位社會科老師及八年級跨學科領域團隊的一份子，我無法相信我所聽到的訊息。不過當校長開始向我們的團隊解釋，為何我們需要增加更多時間在英文和數學方面的教學，及相對減少社會科和自然科的教學時間時，我相當捨不得，但還是能夠理解她的邏輯：我們上一屆的學生有很高的比例在州政府所施測的大考：麻州完整評量系統（Massachusetts Comprehensive Assessment System, MCAS）中表現不及格……我們學校的每一位學生都必須在這項大考的英文和數學中獲得及格的分數才得以從高中畢業。因此，應該投入更多的教學時間在數學和英文的教學上，花費較少時間在其他的學科領域上，像是社會科和自然科，因為這些科目雖然也都包含在大考範圍內，卻不是州政府要求高中畢業的必要條件。（Vogler, 2003, p. 5）

負面後果 8：學業成就信念對學校裡的師生製造了有害的壓迫感。

當學生必須面對更具有挑戰性的課程要求、更多的作業和測驗的焦慮所帶來之愈來愈沈重的壓力時，有些學生就特別容易因為壓力而產生相關症狀，像是睡眠干擾、易怒、難以集中精神、頭疼

或肚子痛、喜歡藉故打架,以及學習方面的問題。就誠如一位德州的老師談論州政府所進行的大考:德州知識和技能評鑑(Texas Assessment of Knowledge and Skills, TAKS)時,這麼提到:「為TAKS不斷練習已經變成是每個星期,甚至是日常進行的事例。我看到八歲大的學童因為壓力和測驗所帶來的焦慮而受困於睡眠不足。」(Reyher, 2005, para. 5)史丹佛教授丹尼司‧克拉克‧波普(Denis Clark Pope)(2003)追蹤一些高成就的高中生時,發現相同的現象:「為了要保持學業成績,伊芙每個晚上只睡兩、三個小時,而且生活在持續有壓力的狀態下。凱文則為了在父親對他的高度期望及自己想在學校以外『保有自己的生活』之間保持平衡,而不斷地面對焦慮和挫折……另外,當德瑞莎和羅巴度擔心他們無法為了未來的工作而保持亮麗的成績時,就會採用激烈的行動」。(p. 3)

被迫在一些不是他們自己選擇,以及如果不肯配合更嚴格的要求就會受到制裁的情況下,老師也因此產生了壓力的症狀,許多人甚至在蠟燭兩頭燒的情況下退離教育圈。一項由全國教育學會在1996年所進行的調查研究(Delisio, 2001)顯示,絕大多數老師會離開教職主要是壓力相關的因素造成的。「我認為(在老師之間的)壓力非常大,因為政府對他們的期望相當高,而且要求也愈來愈多」。一位在賓州威廉斯波特的史蒂芬國小服務的生涯規劃輔導師亞伯特‧馬丹(Albert Madden)這麼說:「老師經歷蠟燭兩頭燒的部分原因是因為他們真的很在乎,不過他們真正能夠掌握的項目卻少得可憐。」(Delisio, 2001, para. 4)

負 面 後 果 **9：學業成就信念提高了學生每年留級率，並且在畢業之前就可能中輟的機會。**

　　許多學生在學業表現方面早就經歷許多痛楚，再加上更多的指定閱讀、作業和測驗的壓力將會讓原來的問題倍增。當測驗愈來愈有機會決定誰可以繼續升級，最後決定那些人可以從學校畢業時，那麼將會有愈來愈多的學生會不斷因這樣的要求而被迫留級。一旦挫折感持續上升，那麼這些受挫的學生就會有較大的動機想要徹底從學校中輟。最近一項由亞里桑納州立大學針對「把每個孩子帶上來」的法規和大考的壓力之間的關聯性所做的調查研究，得到的結論是測驗方面的壓力提高與學業成就的改善**沒有**任何關聯性，不過卻和留級與中輟的比例**有**愈來愈大的關聯性（Nichols, Glass, & Berliner, 2005）。曾經擔任過老師，目前擔任教育評論家的蘇珊・歐翰妮（Susan Ohanian）指著一項針對留級和中輟的研究結果這麼說：「把十個學生留級一年，可能只有三位在畢業那天會出席；如果把這群學生留級兩年，就不會有任何人完成學校的課業要求，他們乾脆中輟。而且非洲裔美國人和拉丁美洲裔學生被留級的比例是白人學生的兩倍。」（Ohanian, 2003, p. 29）

30

負 面 後 果 **10：學業成就信念沒有考慮學生在文化背景、學習風格和學習速度、與在孩童生命當中其他重要因素上的差異性。**

　　當人們在改革課程、標準和測驗的要求時，學業成就信念偏好一體適用的想法。這樣的想法和公平公正的信念是前後一致的（每

一位學生都可以學習），不過卻沒有考慮學生背景、是否準備要好好讀書、社交和情緒的成長、學習能力和困難處、脾氣、興趣和嗜好的巨大差別可能帶來的影響。在奧瑞岡的波特蘭地區，有一位女老師省思到這種固定不變的學業要求根本沒有考量到學生的獨特學習需求：

> 法瑞達剛從東非的一個難民營來到羅斯福這所學校。她的內心充滿著親眼所見的死亡經驗——家庭成員排成一列，然後被槍殺。她在還沒有來到羅斯福校園的十五歲之前，從來沒有用過鉛筆或原子筆。身為一位剛到美國的新成員，法瑞達被迫用英文接受測驗，這是她三年前才開始學習的語言。她需要時間忘卻過往的悲慘記憶才能夠復原，也才能夠學習如何閱讀和寫作。她真的需要時間……麥可是十七歲的男孩，不過他的閱讀能力停留在四年級的階段。每一個段落文章都擁有一些他的腦袋無法辨識的神秘事物。這也難怪他對州政府所舉辦的標準化閱讀測驗根本就不抱希望，他現在仍在嘗試這個測驗，卻也已經三度闖關失敗。（Ambrosio, 2003, para. 13-14）

負面後果 11：學業成就信念切斷為學習本身而學習的內在價值。

學業成就信念運用在教室的學習活動主要是因期望改善學生接

受學業成就測驗時的分數而設計的,所以整個學習的過程變得完全沒有任何意義;學生在學校的學習不再是純粹因為學習本身會帶來愉快的感受,而是為了獲得較高的成績和測驗的分數。就像科恩(Kohn)(1999)和其他人所指出的,當學生參與投入教室的活動是為了獲得師長所提供的獎勵(師長可能給他們讚美、金星星、好成績或高的測驗分數),他們的內在動機就會蒙受苦難。因為內在動機是一個孩子的教育最需要師長去協助他們養成的重要品質,這點是可以辯證的,所以這樣的教育對於學習樂趣的侵蝕是學業成就信念無法被辨識出來的最悲慘後果(相關範例請參考 Armstrong, 1991, 1998)。

31

負 面 後 果 12:學業成就信念導致學校紛紛制訂不適宜發展的教學實踐。

因為辦學的焦點集中在高標準、更具挑戰性的課程與事關緊要的大考,所以孩子在愈來愈小的年紀時,老師就開始為他們必須面對的這項嚴格學業要求而做準備。以往被視為在發展方面適合一年級的教學實踐,現在逐漸往下被推進幼稚園的教室裡。愈來愈多的現況是幼稚園的教育正被作業、排排坐、習作、電腦時間、較長的上學時間、較少的休息時間和其他不適宜發展的教學實踐侵蝕(更完整的討論請參考第 3 章)。例如在威斯康辛州的密爾瓦基,有一所叫馬賴卡幼兒學習中心的學齡前機構,年幼的兒童每天上學的時間是從早上九點到下午三點十五分。「二十年前,人們會說:『對於一位四歲大的小孩來說,那太過份了;我們對他們太嚴苛了。』」

基納・瓊斯，這所幼兒中心的主任這麼說。「現在我們了解到，為了要縮小學生的成就差距，我們必須有更多的教學時間才有辦法達到這項要求」（Carr, 2004, para. 44）。

　　除了傷害幼兒教育機構的學習計畫以外，學業成就信念也因此讓**各個**學校階層（從學齡前到高中階段）愈來愈有可能使用不適宜發展的教學實踐。這本書其他部分的主要任務就是要檢視這樣的傷害到底是如何發生的，然後才能進一步詳細說明我們需要怎麼做，才能確保孩童和青少年的教育不是根據政治議程和測驗的時間表來決定，而是根據他們成長和發展的自然節奏。為了要開始這樣的檢視，我們將會在下一章針對教育信念的另一個形式做探索。這個信念就是人類發展信念，現在堅持這種信念的教育機構遠比好幾十年前來得少見，不過我們需要趕緊讓這個信念在各級學校重新復甦，讓我們的學校和文化還有一點點希望能夠保有人性。

32

⚽ 進階閱讀

　　1. 你和你的同仁有多常參與學業成就信念的討論呢？請在底下這些和學業成就信念有關聯的關鍵字和詞彙中找尋一下，看看在平常學校上學的日子裡，當你或同仁在與學生、老師、行政人員或家長溝通時 —— 不管是書面的資料或口語的溝通，有多常出現這些字或詞彙。

- 優秀的學業成就或不及格的學業成就
- 加速學習
- 績效
- 每年足夠（或充分的）的進步
- 調整課程與標準
- 年度評量
- 低或高於年級的水準表現
- 標竿
- 重大測驗
- 實踐或推行
- 改善
- 低或高表現的學校
- 低或高表現的學生
- 強制要求
- 精熟
- 最低要求
- 常模的
- 規準
- 目標
- 成果
- 百分位數

- 校準
- 縮減成就差異
- 後果
- 學科內容
- 數據資料
- 診斷的工具
- 效率
- 傑出
- 不及格
- 落後
- 目標
- 高（或低）的期望
- 實作表現
- 進步
- 提高門檻
- 準備度
- 補救
- 獎賞
- 嚴謹的課程
- 評分指標
- 懲戒
- 有科學根據的研究
- 標準
- 標的

33

是否在哪些特殊的情境中讓這些字眼會更常被用來述說教育現況〔例如：教職員會議、個別化教育計畫會議（IEP 會議）、考前複習的情況〕？以書寫的方式記錄一整天所說的話，只要在你的對話當中出現這個清單上的詞彙，或與別人分享溝通你的閱讀或寫作時提到這些字眼，就把他們記錄下來。與同事討論這個結果。如果你認為還有哪些字眼或語詞會構成學業成就信念的一部分，就把他們增添到這個清單裡。

2. 與你的同事討論這一章所描述的學業成就信念的哪個負面後果在你們的學校情境中特別凸顯。從你學校生活找尋具體的範例做說明。還有哪些在這一章並沒有特別提到，不過卻是因為學業成就信念所衍生出來的負面後果，也發生在你服務的學校呢？

3. 就你的觀點來看，學業成就信念的正向後果是否可以勝過它的負向後果，或是正好相反呢？請和你的同事討論目前全國一致強調測驗、一套更嚴格的課程、統一的標準、「把每個孩子帶上來」的法規、畢業要求和其他類似的教育趨勢。就你看你的學校是朝向這些教育實務工作前進或逐漸遠離這樣的方向呢？

4. 請在一套百科全書、線上搜尋引擎或其他參考指引中調查研究學業成就信念的歷史發展沿革。探索學業成就信念在西方文明的發展根源（例如啟蒙時期、中古世紀的大學系統及古代羅馬帝國和希臘文明）。

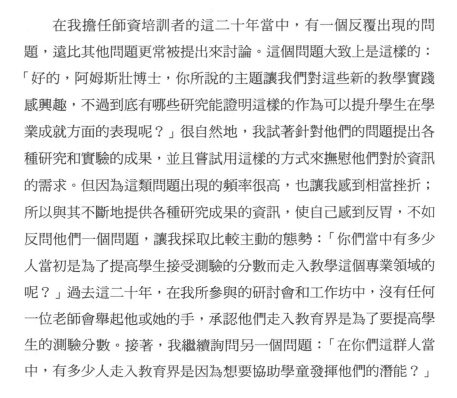

CHAPTER ②
人類發展信念

在我擔任師資培訓者的這二十年當中，有一個反覆出現的問題，遠比其他問題更常被提出來討論。這個問題大致上是這樣的：「好的，阿姆斯壯博士，你所說的主題讓我們對這些新的教學實踐感興趣，不過到底有哪些研究能證明這樣的作為可以提升學生在學業成就方面的表現呢？」很自然地，我試著針對他們的問題提出各種研究和實驗的成果，並且嘗試用這樣的方式來撫慰他們對於資訊的需求。但因為這類問題出現的頻率很高，也讓我感到相當挫折；所以與其不斷地提供各種研究成果的資訊，使自己感到反胃，不如反問他們一個問題，讓我採取比較主動的態勢：「你們當中有多少人當初是為了提高學生接受測驗的分數而走入教學這個專業領域的呢？」過去這二十年，在我所參與的研討會和工作坊中，沒有任何一位老師會舉起他或她的手，承認他們走入教育界是為了要提高學生的測驗分數。接著，我繼續詢問另一個問題：「在你們這群人當中，有多少人走入教育界是因為想要協助學童發揮他們的潛能？」

不變的是多數老師會舉起他們的手，支持這樣的觀點。

這說明一個有趣的兩難困境。一方面，除非他們確認這些教育改革政策和措施會提升學生的測驗成績，否則老師相當不願意接納新提出來的教育改革。這種兩難困境的另一種說法是，當不同的需求衝撞在一起時，老師會因為忙碌於學業成就信念而無法抽身兼顧原先的需求。不過，當我問他們一個關於學習的深層信念體系的問題時（「當初你怎麼會立志當老師的呢？」），他們當中**沒有人**會認為改善學生在學業成就時的冰冷分數是帶領他們走入這個領域的原始動機。相對的，老師提到的是「軟性」的事情，像是激勵學童、開啟學童的潛能、栽培年輕生命的發展、改變學生的生命走向以及確保學生在未來的生活和生命獲得成功的經驗。當我們談論到教養下個世代時，老師們說**這些**才是當務之急。

當老師和其他教育人士以這種方式聊天時，他們就會認真地投入一種和學業成就信念截然不同的信念。他們所參與的這種對話就是我所稱的人類發展信念取向。在這一章，我將描述人類發展信念取向的一些核心假設，然後說明教育方面這個信念的歷史發展沿革，最後再整理出在校園裡，以一種實務取向的方式，深度投入這個信念的幾個正向的後果。我會說「以一種實務取向的方式，深度地投入」是因為有些個人和團體機構在推動人類發展信念的實務取向時，是以一種非常膚淺的模式來推展，藉此遮掩他們實際上還是完全投入學業成就信念的教育實踐。例如，在最後一章，我們注意到在 1983 年出版的那本深具影響力的報告──《危機中的國家》，其在底下這段開場的文章中說明了這點矛盾：「不論種族、階層或

社經地位，每個人都有權力獲得公平的機會，並且可以使用工具來發展他們個別的心智和精神上的力量，使其達到最高境界。」（National Commission on Excellence in Education, 1983, p.1）就像我們在這一章即將看得到的，「發展他們個別的心智和精神上的力量達到最高境界」這樣的詞彙是人類發展信念上一個很棒的範例。然而，《危機中的國家》基本上是強力支持更嚴格的高中畢業資格的一份文件，同時也要求更多學業方面的課程（英文、數學、自然、資訊科學和社會科教育）、更多「嚴苛且可以具體量測的標準」，以及花更多時間在學業課程與學習等方面。偏偏這些要求都是學業成就信念的幾個關鍵性要素。

36

同樣的，在 2001 年頒布的「把每個孩子帶上來」法案的序文裡，布希總統寫道：「整體的考量，這些改革表達了我個人對於國內公立學校和他們需要建設每一個孩童的心智和品格的深層信仰，不管這些孩童來自於何種背景，在美國境內的任何一個地方，都該有這樣的期許。」（U.S. Department of Education, 2002, p. 2）在使用「建設每一個孩童的心智和品格」這樣的詞彙時，布希總統採用了人類發展信念的取向。然而，這項法案真正堅持的信念，基本上卻是一些最基礎的評量，透過懲處的手段，強力執行可以提高學業成就測驗分數的概念。當我們聽到人類發展信念被運用到教育界時，需要訓練自己去區分他們是被用來當作展示的櫥窗，以便遮掩其他類型的信念或議程的範例，或某些教育範例是用深層的方式來滿足教育歷程的每一個階層，例如從研究和評量到教學與學校領導這些階層都完整考量。

⚽ 人類發展信念：定義

　　如果我們先從人類發展信念的第一個字──人類──開始，我們可以從這個定義發現許多事情，特別是和學業成就信念的第一個字──學業──做比對時，更可以獲得許多新發現。我們立刻就學到，這個信念最重要的關鍵就是它最強調的是人（譯註：這裡作者強調學校的師生），而不是*學業方面的表現*。因此人類發展信念在本質上遠比學業成就信念具有更寬廣的視野。「學業」代表一些不怎麼生活化的東西，這些東西相當客觀而有限。另一方面，「人類」代表活生生的實體、主觀，而且擁有無限的發展可能。如果我們要完整的定義學業這個詞彙（一個內容充滿學科知識、死氣沈沈的詞彙），我們最終將會達到可以涵蓋學業方面所有觀點的境界。相對的，在定義「人類」時，很可能我們永遠都無法在討論過程裡獲得最終的結論，以說明人類所代表的意義。「學業」是那些呈現在書本、測驗、講述、學業要求、課程大綱等等的形式*之外在的東西*。「人類」則是*內在的*──我們討論的就是*我們自己*。這樣的信念和我們所參與的討論其實是相同的實體。既然在這個信念的討論過程中所討論的主體就是我們自己，那麼我們可以推論投入人類發展信念將會比投入學業成就信念更具重要性，也更能夠在緊要時刻發揮最大的功能。

　　這兩個信念的第二個詞彙也同樣具備相當的啟示。在人類發展信念上，我們認識到最重要的是人類的*發展*。「發展」這樣的詞彙起源於古英文的詞彙「*解開*」（disvelop）、普羅旺斯的詞彙「*攤*

開」（desvolopar）和現代的義大利詞彙「*解脫*」（sviluppare），這些詞彙都掌握著「解開」（unwrapping）、「展開」（unrolling）、「攤開」（unfolding）、「鬆開」（disentangling）和「解脫」（ridding free）的意義（Simpson & Weiner, 1991, p. 423）。因此，看似人類發展信念的主題，實際上是要展開或攤開人類的潛能，以及協助人們從拖累、混亂或障礙中獲得鬆開和解脫。

另一方面，成就其實和法文的詞彙「*一位首領*」〔á chief（venir）〕相關，這也可以追溯到拉丁字「*現任的領導者*」（ad caput venire），也就是「成為擅長某項事情的人」或「完成」的意思（Simpson & Weiner, 1991, p. 12）。「發展」這個詞彙表示持續進行的歷程某些隨著時間進行而持續發生的事情。這是關於變成一個完整的人或獲得解放的歷程。「成就」這個詞彙具有相當不一樣的意義。它並不是隨著時間變化的歷程，而是一個*終極的結果*。彷彿當我們提到「成就」時就意味著：「不要用那些幾百年前就發生過的事情，或正在發生的事情來煩我，只要把它包裝起來，一路送到底，完成它。就這樣搞定它了！凸顯出來就對了！」人類發展信念感興趣的是它所*展開來*的整個故事。學業成就信念感興趣的是翻到教科書的最後一頁，然後看看那些課程內容是不是學校在乎的項目（請參閱表 2.1，這張表比較這兩個信念的關鍵特質）！

雖然對某些人來說，我好像走入一個死胡同，為了說明這些字的文字起源而作了無窮盡的文字說明，不過我相信從文字的詞源找尋這些差異，可以強調這兩個類型在教育信念上存在差異。教育界對於人類發展信念有一個良好的操作型定義，那就是「行為舉止和

38

39

文字溝通上的整體性，把教育的目的主要看成是支持、鼓勵和協助學生成長為一個完整的人，包含他或她的認知、情緒、社交、倫理道德、創造性和精神方面的發展」。在接下來的部分，我針對上一章所描繪的學業成就信念的每一項假設，提出互補的人類發展信念的假設。

表 2.1　學業成就信念與人類發展信念的特質比較

情境	方式	
	學業成就信念	人類發展信念
對於智力的傳統取向	實證主義	人本主義
當下的傾向	未來導向	過去—現在—未來導向
研究的主要方式	量化研究取向	質性研究取向
評量學生學習的主要方式	標準化測驗	自然方式的觀察和文件記錄
權力的結構	由上而下的強制要求	草根階層的模式來傳遞想法
學習最被重視的項目	最終的產品	從頭到尾的整體歷程
測量學生進展的方式	常模分配	自比性的
最重要的教學項目	學業技能	完整的人如何生活的技能
學習裡最重要的一方	機構（學校、學區和州政府）	每一個個體
老師的最重要角色	滿足機構提出的強制要求	鼓勵學生想要學習的熱忱
根據何者宣稱合法地位	有科學為根據的研究	人類經驗的豐富程度
學校最重要的學科	閱讀、數學、自然	生活技能、藝術、職業教育、人文科學、自然，以及它們之間的連結
底線	測驗的分數、金錢	成熟度和快樂

假設 1：變成一個完整的人是學習最重要的觀點。

學業成就信念傾向於把教育的目標縮小成只需要成功的獲取學業方面的學科知識和技能。相對的，人類發展信念比較能夠掌握「教育」這個字的原始意義的精髓，其實際上可以回歸到拉丁字母的「*教導關注*」（educare），也就是「產生」（to bring forth）的意思。「教育」這個字眼在詞源學上同時也和「取出」（educe）有關，這個字意味著「從一個潛在的情況產出、取出、誘導、發展出基本的或單純潛在的生活」（Simpson & Weiner, 1991, p. 496）。因此，在本質上我們發現教育實際上就是要協助人們的發展。在教育的操作型定義上，我們找不到任何一處提到「要提高學生的測驗分數」。史丹佛的教育學院教授尼爾‧諾丁斯（Nel Noddings）（2005）就曾經指出美國教育的歷史發展是根源於發展全人（whole person）這樣的意識。例如，她注意到湯瑪斯‧傑佛森（Thomas Jefferson）在其《1818 年維吉尼亞大學委員會報告書》（*1818 Report of the Commissioners for the University of Virginia*）中，包含了一些教育目標的清單，諸如倫理道德、理解個人對於鄰居和國家的責任、對於權利的了解及對社會關係的理解力和忠誠度。此外，全國教育學會在它那篇 1918 年出版的《中等教育重要原理》（*Cardinal Principles of Secondary Education*）的報告書上，詳細說明教育的七項目標，包含健康、基礎歷程的掌握力、值得追求的家人關係、職業、公民的權利和意義、妥當使用休閒時間和倫理道德的品格。從那時候開始，許多教育家和心理學者投入研究，並且創

40

造理論和研究計畫，期望透過教育，進一步說明和**引出**發展全人在認知、情感、社交、倫理道德和精神各方面的許多可能性。這些偉大思想家的貢獻將在本章接下來的其他章節中進一步詳細說明。

假 設 2：評量全人的成長是一件有意義、持續進行，並且是涵蓋人們成長的質性歷程。

　　在學業成就信念上，如果要測驗和評量學生的改善情況，都是透過標準化成就測驗；這套制度本身並非學習的經驗，而是透過測驗卷廠商、教育研究者和教育夥伴間的合作，所創造出來的人工化環境。這些人工化的「事件」都發生在某些特定的時間，通常必須**中斷**學生的真實學習經驗才得以進行。換句話說，學生必須**中斷學習**，然後投入測驗──為期四十五分鐘或兩小時，乃至於一整天或整個星期──就為了教育夥伴要測驗這群學生在一段時間之內的教學是否有缺漏之處。相對的，人類發展信念所關注的是**在學習經驗的進行過程**就地評量學生的學習成長情形。評量人類發展信念的學習有許多方法，其中最重要的就是要記錄每一位學生經過一段時間的真實學習經驗。這樣的記錄包含了學生所說的話、所畫的圖、所寫的文字、經驗過的感受、唱過的歌曲、實驗過的項目和思考的方向（至少是外顯可以被觀察到的表現）、展現的知識和技能，或是在真實的學習情境下所表現出來的某些有意義的才華。這樣的評量本身對學生而言，同時也具備學習的經驗特質。例如，學生可能和老師相對而坐，討論她從 9 月到 12 月所寫的二十篇詩詞

作品，或是觀賞在學期開始和期末兩個不同的時間點上，拍攝她和同學之間互動的錄影帶。學生將會因為這種評量的歷程而對於自己有更深入的了解和學習。這樣的歷程針對不同的學生提供鮮明且具體的學習證據，這是學業成績等第和測驗分數無法提供的詳實資訊。

41

假 設 3：人類發展信念偏好具有彈性、個別化且給予學生有意義的選項的課程。

　　學業成就信念的信仰者想要追求一種以帶領學生通過一套標準化的學業迷宮，然後期望學生能夠在學校體驗成功經驗的方式；相對於學業成就信念那種一體適用的課程觀點，人類發展信念企求將每一個學生視為獨立的個體，具有自己獨特的方式，在面對人生不同的發展階段時可面對各種挑戰。因此這種信念的信仰者對於每一位學生獨特的風格和學習的速度有所尊重，對於不同的興趣、志向、能力、障礙、性格和背景都能夠以欣賞的態度去對待，並且把他們當作每一個人成長的整體架構。與其堅持學生必須精熟一套既定的資訊體系，人類發展信念比較關注的是將課程圍繞於學生的特定需求，再進一步調整整個課程。相對於強制要求每一位學生都需要學習，人類發展信念所考慮的是要創造一些學習環境，讓學生在學校經驗裡選擇想要學習的課程，來協助發展自己獨特的全人觀點。

假設 4：人類發展信念對於每一位學生的過往、現在和未來感興趣。

儘管學業成就信念強調的是學生的**未來**（例如，為每一位學生做好面對 21 世紀的挑戰的準備），人類發展信念關注的是學生隨著時間發展的整個人生軌跡——從他們在幼年時期最早的經驗，到他們成年之後達到成熟階段。例如，一個學生在嬰兒階段或幼兒階段發生過的創傷，可能對於現在的學習和成長造成某種程度的阻礙（譯註：這點和學業成就信念的支持者相對應。舉例來說，國內著名的歌星孫燕姿在早年有密閉空間恐懼症，也就是在密閉的空間中會有恐慌的表現。如果求學期間老師要求學生進入密閉空間，對她而言，那種學習就會變成一種恐懼的象徵）。人類發展信念談的是可行的選擇，以便協助學生的發展，包含提供一個安全無虞的學習環境，在學習關係之間建立信賴感，以及使用其他具有療效的方式，培育出最理想的成長情況。同樣的，人類發展信念對於學生未來是否成功的標準，不只局限於學生是否可以進入大學、研究所，以及出社會後可否獲得一份賺大錢、有權有勢或有名望的工作。雖然這些目標可能是某些學生成功發展的一部分，不過人類發展信念所尋求的是培育學生的能力，這樣一來，這位學生的未來可能包含成功的人際關係、能對社區提供有意義的服務、在情緒方面達到成熟的程度、行為舉止符合道德和對於學習有熱忱，這還都只是在許多非學業方面的目標中可設定的一部分。最重要的，人類發展信念把當下的教學良機視為我們可以為學生幼時的教育創傷療傷，以及鼓勵學生以正向的態度邁向未來挑戰的最佳機會。

42

假設 5：人類發展信念在本質上是自比性的〔譯註：自比性（ipsative）是和常模方式做比較的。常模通常是一位學生要和同年齡的其他學生進行測驗或學習的比較；相對的，自比的意思就是同一位學生和自己比較，以今日之我和昨日之我相較〕。

多數從事教育工作的夥伴都熟悉「常模分配」，這是測驗常用的詞彙。這個字彙提到的概念是針對一位學生在一次標準化成就測驗的歷程中的學業表現，和在以往某個時間點的類似情境下接受同樣測驗的一群學生進行比較。以往那群學生接受測驗的結果被當作一個常模。換句話說，這群學生被當作可以代表接受測驗的「常態」行為，這樣的常態行為是未來每一位學生接受類似測驗時可用來參照的對象。相對於此，人類發展信念考慮到的比較是「自比性」在成長方面的討論。「自比性」並不是經常會用到的字彙，甚至是我們這些在教育圈的人也不怎麼熟悉的字彙。這樣的現象本身就說明了學業成就信念主宰教育界的情況。「自比性」意味著「從本身」，在教育的評量情境裡，它意味著比較一個人現在的表現和當事者稍早之前的表現。最常出現這種評量方式的領域或許就是運動的競技場了（例如：「在過去四個月當中，我在跳遠的距離上增加六吋之多！」）。因為人類發展信念關注的是每一個個體的發展，所以把自比的方式當作測量人們成長和學習的最自然方式。讓我們這麼說吧！在學年一開始的時候，如果有一位學生無法閱讀《戴帽子的貓咪》（*The Cat in the Hat*）、做引體向上、畫一個人像，以及不小心撞倒別人時不會說「對不起！」，或無法將內心的

43

感受用文字表達出來。不過到了期末的階段,如果他都能夠做到這些事,即使他只拿到 D 的成績,而且在剛開學和期末的考試都只拿到 30% 等級的測驗成績。從學業成就信念的觀點來看,他在常態分配下是不及格的學生,不過從人類發展信念的觀點來分析,他是自比性成功的學生。

假設 6:人類發展信念是根據人類經驗的豐富程度才獲得正當性。

那些經常提到學業成就信念的人們所引以為傲的就是其所支持的堅定立場是建立在有科學基礎的研究資料上。他們對於那些單純只使用「稗官野史」或「趣聞軼事」獲得研究成果的人感到不屑。這種態度揭露了學業成就信念和人類發展信念對於學生應該學習哪些知識和技能,保有完全不同的觀點。就像我們在這一章稍後會看到的,學業成就信念最重視量化的資料〔例如,百分比、標準九(Stanines;譯註:統計上使用的標準差)、相關係數〕。相對的,人類發展信念最重視的就是質性的資料——在有意義的學習情境下,每一個學生的獨特作為。從學業成就信念的觀點來分析,這樣的資訊通常被視為一種次級資料,因為他們通常認為這樣的資訊模糊不清、不一致且相當主觀。另一方面,從人類發展信念的觀點來分析,因為統計的量化資料是人為的,容易誤導,也和人類的經驗脫節,所以通常會把統計的量化資料看成是次級資料。

我們可以用西方的哲學傳統當作寬廣的背景,來比較這兩種截然不同的信念。學業成就信念是建立在「實證主義」(positivism)

44

的傳統上，此一信念認為真相只能在客觀的科學證據上獲得證實。
這類型的方式可以追溯到希臘的哲學家，像是亞里斯多德（西元
前 1958 年）和伊比鳩魯（西元前 1994 年），不過這樣的立場在
17 世紀的科學發現之旅獲得新生〔例如，伽利略（1632/2001）〕，
以及 18 世紀啟蒙運動所發動的一些哲學運動思潮，像是拉美特利
（La Mettrie；譯註：法國人，倡導自然哲學）（1748/1994）、洛克
（1690/1994）與稍後的康德（Auguste Comte）（1830/1988）（這個
字彙和康德的相關性最大）等人指出科學的經驗方式應該是所有人
類探究的基礎。

　　另一方面，人類發展信念建立在人本主義的傳統上，也就是堅
持所有人的尊嚴和價值的哲學支流。這類型的知識傳統可以追溯至
柏拉圖（西元前 1986 年）這樣偉大的希臘思想家，特別是他對於
真善美的鑑賞，以及稍後在 13 到 16 世紀逐漸浮現在文藝復興時
代——當西方的思想家開始展現對於人類的興趣，而不再對揭露
在藝術、詩歌、建築和其他學習領域上的神學方面的內容感到興趣
（Ross & McLaughlin, 1977）。在 19 世紀早期的浪漫時期（在若干
方面是和理性的啟蒙階段相抗衡）則可以看到盧梭（1781/1953）、
歌德（1774/1989）與浪漫詩人的思想（Auden & Pearson, 1977）
進一步把人性的主題拓展開來，更強調在情緒、想像力和個人創
造性的發展。在 20 世紀，現象學的一群哲學家（相關範例請參考
Husserl, 1970）深信真相最可能透過主觀的人類經驗被發現；而存
在主義的一群支持者（Kaufmann, 1988）肯定了在權威信念體系或
在欠缺任何系統導引人類行為舉止的情況下個人正向的選擇，就成

45

了人類發展信念額外的哲學基礎。這裡要特別指出來的一點就是，人類發展信念宣稱他們的效度不會比學業成就信念所宣稱的效度**差**，只是根基於**不同的智力傳統**的觀點。

同樣的，人類發展信念所使用的研究方法也不會比學業成就信念所宣稱的那種具有科學基礎的研究法來得差。相對的，他們是根基在人文的傳統。和人類發展信念的理念前後一致可用來探索教育活動和方法的研究方式包含個案研究法、自我檢視報告、以現象學方式研究學生的學習、以詮釋學的方式探究學生的作業、探究式的研究、人類學的參與式觀察、人種學的田野調查研究和質性的行動研究方式，以及許多其他的質性研究方式等等（相關範例請參考 Bogdan & Bicklen, 1998; Denzin & Lincoln, 2005; LeCompte & Preissle, 1993; Merriam, 1998）。最後，還有一項值得一提，那就是人類發展信念宣稱他們的效度通常是根據真實參與者的學習經驗所累積的常識，而學業成就信念所宣稱的通常是根據一些和學生學習情況距離相當遙遠的抽象資料。

為了說明這一個二分法的現象，我在這裡要說一個源自於中東地區的故事。故事是這樣的：有一個人到朋友家借驢子。他的朋友來應門，不過卻表示抱歉，說自己早就已經把驢子借給別人了。當這個人正要離開的時候，聽到驢子在後院的叫聲。他衝回朋友家並再度敲門。朋友還是來應門，這個人說：「我以為你已經把驢子借給別人了！」朋友說：「是啊！我已經把驢子借給朋友了。」這個人說：「不過我聽到你的驢子在後院大叫啊！」朋友回應：「你到底要相信驢子還是我呢？」（這個故事的緣起可以在 Shah, 1993, p.

46

62 找到資料）。使用人類發展信念的教育夥伴信賴那些展現在他們眼前的證據——一個剛學習花朵是怎麼成長的小孩最終發出那種「啊哈！我知道了！」的驚嘆、一個孩童在貧窮的環境下努力嘗試學習閱讀的勇氣、在製作出一件藝術作品之後浮現在孩童眼睛那種灼熱的閃光；這些無形的價值——在學業成就信念的討論通常被忽略——提供一份真實的「資料」，標示了人類發展的信念。

假 設 7：人類發展信念通常是因為實務工作者（例如：老師）受到一些教育或心理學方面的偉大思想家的鼓勵而做的草根性的努力所產生的結果。

在上一章，我們注意到學業成就信念是發生在一些從上而下的模式，那就是說那些有權有勢的人們（政治家、行政人員和研究人員）把他們的政策施加在那些具有比較少權勢的人們身上（老師和學生）身上。相對的，人類發展信念在本質上是屬於平權主義的概念，讓行政人員、老師和學生共同分享知識，並且在一個信任和加乘（synergy）的氛圍下進行學習。當然，它並不是沒有自身的權力結構，不過權力結構通常是構想的權力，而不是政治家的權力。人類發展信念通常源起於傑出的創意思想家，像是盧梭（Jean-Jacques Rousseau；譯註：1712-1778，法國哲學家、啟蒙思想家）、蒙特梭利（Maria Montessori；譯註：著名教育家、蒙特梭利構想創始者）、魯道夫‧史戴納（Rudolf Steiner；譯註：人智學創始者，華德福學校的創始者）、杜威或皮亞傑等偉大思想家，當他們開始分享他們對於孩童如何成長和學習的想法時，就會延伸

出人類發展的信念。這樣的現象可以用一本書的形式來呈現（例如，盧梭的《愛彌兒》）、一個實驗學校（例如，杜威在芝加哥大學的實驗附屬小學），或是一個教育活動的計畫（例如，蒙特梭利方法）。從這些開端，老師受到鼓舞和激勵就會持續以一種草根性的模式支持這樣的信念，所以他們也有可能會創立自己的學校、寫自己的書籍、創造自己的教育活動計畫，或是以其他的方式，讓教育的奇蹟確實發生在學生身上。人類發展信念就是以這樣的模式來擴展它對於人類成長與學習的訊息和意義至全世界的。

假設 8：人類發展信念的底線是快樂。

也許有人會認為教育和人類發展的最高目標有許多的可能性，像是智慧、正直、創造力、自我實現、品格、開放的心胸、寬大的胸襟、具有個性的獨立個體、精神或靈性的溝通等等。然而，我認為**快樂**的品質最接近人類發展信念的操作型定義的最底線。在這裡我所說的快樂並不是一種主觀的情緒狀態。一個小孩可能因為吃了糖果而覺得快樂，不過這樣的快樂在下一瞬間可能就會消逝得無影無蹤。相對的，我這裡所說的快樂比較像是羅馬帝國的皇帝奧理留斯（Marcus Aurelius；譯註：121-180，羅馬帝國的皇帝兼哲學家）所寫的：「理性且合群的動物，其所謂的快樂或不快樂所根據的是他所感受到的，而不是他的作為；就像是他的善行和罪惡並不是根據他的感受，而是根基於他的作為一般。」（Bartlett, 1919, p. 941）快樂來自於行為舉止，而不是文字，來自於能夠極為充實地過著生活。同樣地，快樂不是依靠物質的財富或是有形的成就。以這樣的

觀點來分析，人類發展信念和學業成就信念的底線 —— 金錢 ——
有天壤之別。誠如美國教育家兼牧師亨利・范・戴克（Henry van
Dyke；譯註：1852-1933）所說的：「快樂是內在的行為，不是外
顯的行為；而且它並非取決於我們擁有哪些東西，而是取決於我們
是怎樣的人。」人類發展信念的最終目標就是要協助全人的成長，
一個在面對生命陸續出現挑戰和障礙時能夠找出深層的滿足感受的
人。這也像是尼爾・諾丁斯（Nel Noddings）在 2005 年所指出的
觀點：「偉大的思想家將快樂和充滿智慧的生活、獎勵人與人之間
的關係、熱愛他們的家庭和所生活的地方、具備完整的人格、良好
親子關係、心靈和一份喜愛的工作等特質連結在一起。」（p. 10）
當我們把這些事情和優秀的測驗成績與鉅額的銀行存款進行比較，
那根本就沒得比了。

⚽ 人類發展信念在教育上的歷史發展沿革

48

　　誠如我在這一章稍早之前提過的，我們可以從一些哲學基礎找
到人類發展信念的起源，從古希臘時代到當代都可以找到。在這一
節，我想要特別說明，經過長時間的洗禮，人類發展信念到底是怎
樣發展出來的（請參考圖 2.1）。或許人類發展信念最早的徵兆可
以追溯到至柏拉圖所寫的《共和國》時的西方世界。在那本書中，
蘇格拉底使用辯證的探究方式協助和他對話的人們在人格類型上往
上爬一階層，所以有些參與對話的人就會從銅牌、銀牌和金牌的人
格再往上進階一層，對於蘇格拉底來說，那種人格類型的分類可是

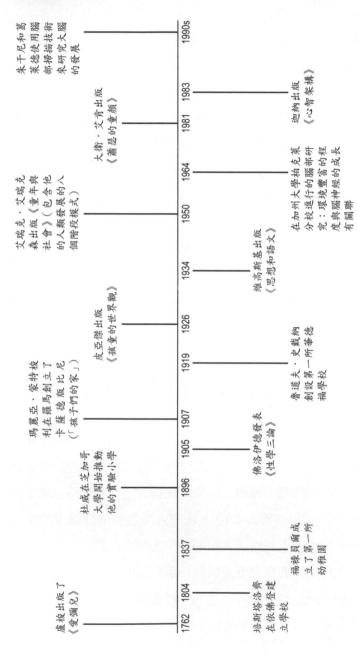

49

▲ 圖 2.1 人類發展展信念歷史發展過程的關鍵事件

在出生時就已經無法改變了（Segrue, 1995）。在距離現在比較近的年代，17 世紀的捷克教育家柯美紐斯（John Amos Comenuis）被視為近代史上把教育看作一發展過程的第一人，其是從幼兒階段開始持續到完成一個人的生命。柯美紐斯是從觀察自然界的運作過程獲得他教育哲學的部分概念。他寫道：「發展來自於內在世界。自然界不會迫使任何事物往它自己不擅長的方向前進。」（引自 LeBar, 1987, p. 19）他所推動的教育改革計畫都是**配合**自然界的運作力量，而不是故意和自然界的運作方向對抗。

　　盧梭這位 18 世紀的哲學家，在他出版的《愛彌兒》中，把這種運用自然的方式在教育上的觀點往上提升到更高的層次；這本書可以視為近代教育史上人類發展信念的開啟者。在這本書當中，盧梭描述一個叫作愛彌兒的小男孩所接受的理想教育（稍後還有一位叫作蘇菲的小女孩），他強調孩子從出生就有與生俱來想要學習的一種自然傾向，所以適當的教育應該尊重孩子想要成長的本能，也應該為這些孩子消除一些社會上的限制。在談到媽媽的角色時，盧梭這麼說：「我是面對著你才想到我自己，你是這麼一位溫柔體貼又有先見之明的媽媽，總是有能力移走高速公路上正在茁壯的矮樹叢，並且保護孩子免於受到人們各種主張的影響！辛勤的耕種和灌溉年幼的植物，直到它老死為止。有一天它的果實將會成為你的喜悅。請在你的孩子年幼的心靈中形成一道圍牆來保護他們吧！」（Rousseau, 1762/1979, p. 38；譯註：這裡提到盧梭把孩子比喻為需要媽媽灌溉的植物，通常和近代教育界熟知的植物需要農夫灌溉的概念截然不同。有興趣的讀者請參考《蕭瑟的童顏》）。

50

　　瑞士的教育家培斯塔洛齊（Johann Heinrich Pestalozzi）借用了盧梭的構想，並且在伯多夫（Bergdorf）的小鎮的一所學校推動那樣的構想，稍後則在依佛登（Yverdon）這個稍大的都會推動上述構想。他相信孩子們應該主動積極地投入世界上的這些事物，並且跟隨他們自己的興趣，才會獲得良好的學習成效。在他那本對於教育的原始構想《格特魯德聖徒是如何教導她的孩子》（*How Gertrude Teachers Her Children*）（1801）中，他分享了自己對於孩子內在發展力量的發現。他是這麼寫的（1894）：

> 關注到幼年早期階段逐漸邁向完美的歷程（對一個學習單元的熟練完美），遠遠超越我的期望。到目前為止，在小孩身上很快地發展出一種未知力量的意識，特別在針對美麗和秩序方面，具有強烈的感受。他們用自己的力量來感受，一般學校那種單調冗長無趣的現象就像是鬼魂一樣，消逝在我的教室裡。他們期望、嘗試、堅持、努力成功，所以他們開懷大笑。他們的語調不像是學生的語調，那是一種從沈睡中被未知力量喚醒的動力；具備崇高的心胸和智慧來感受這些力量可以帶領他們去做些什麼事情，又將會帶領他們邁向哪個方向。孩子彼此教導。他們試著去執行我要他們完成的事情，通常在執行工作的過程中，他們會自己從許多面向找到工作的意義。這個自我的活動在學習剛開始的時候已經自我發展出許多方式來，我深信這樣的信念帶給我無比的力量，衍生出我對於孩童的能力有一個千真萬確的信念，那就是每

一種教學都必須從孩子本身開始，並且要從他們與生俱來的
能力去發展出每一個學習的項目。（p. 17）

　　培斯塔洛齊接著影響德國的教育家福祿貝爾（Fredrich
Froebel），後者創造了世界上第一所幼稚園（「孩童的花園」），強
調在幼稚園裡要進行遊戲、具體的學習素材（稱為「禮物」），以
及包含了藝術活動、園藝和舞蹈之類的「工作」。在他那本《人的
教育》（*The Education of Man*）中，福祿貝爾（1887）繼續前輩使
用自然的隱喻來描述幼兒發展的筆法。在批評當時廣泛使用在德國
的操弄式教育時，他這麼寫著：

　　我們給予年幼的植物和動物足夠的空間和時間，因為我們知
　　道那樣的方式和他們生存的方式是一致的，他們會恰當地發
　　展，並且健全地成長；年幼的動物和植物也有休息的時間，
　　我們也會盡量避免輕率地阻礙他們的成長，因為大家都知道
　　相反的作為將會干擾他們完全的展開與完整的發展；不過年
　　幼的人被看成是一片石蠟或是一坨黏土，大人可以根據喜好
　　加以型塑成自己想要的形狀似的。（p. 8）

51

　　福祿貝爾的幼稚園在 1848 年因為普魯士政府的政治壓迫而被
迫關門，不過他的構想在 19 世紀的後半期被那些德國的移民帶到
美國。

在教育方面，人類發展信念在美國獲得一次重大的提升，就是透過哲學家與教育家約翰・杜威的努力推動。1896 年，杜威和他的太太愛麗斯，在芝加哥大學創立了實驗學校，這所學校是要當作一塊肥沃的土壤以用來嘗試一些根據孩子在民主的社區情境中，參與投入真實的生活經驗所提出來的創新教育構想。舉例來說，在實驗學校裡，學生每天早晨在教室裡烹調他們的早餐食品時，透過研究烹調的過程來學習化學、物理和生物的知識和技能。在杜威（1897）〈我的教學信條〉這篇報告中，他很明確地表達其對於學生的發展過程有足夠的信心：

> 孩童的直覺和能力提供了開啟所有教育起始點的素材。一旦教師的所有努力與孩子自己正在進行的獨創性活動毫無關聯，那麼教育就會退化成一個來自於外在的壓力。實際上，它可能會有些外在表現出來的結果，不過不能確實地稱為有教育意義的過程。因此，如果沒有針對個體的心理結構和活動做深入的理解，那麼教育過程就會變成毫無計畫，以及一些偶發事件的累積罷了。如果僥倖它和孩子的活動相符，或許還可以達到目的；如果不巧呢？它將會導致摩擦、潰散，甚至抑制了孩童的天性。（p. 77）

52　　對於人類發展信念的成長有重要影響力的，就是 20 世紀初西蒙・佛洛伊德的貢獻（Sigmund Freud；譯註：奧地利心理學

家）。他對於無意識狀態的探索、強調早期孩提時代的情緒經驗對於往後生命的影響力，以及根據性慾和侵犯性的動力提出一套兒童時代和青少年階段的發展階段理論〔口腔期、肛門期、性器期、潛伏期和兩性期的發展階段；譯註：口腔期（oral），原始慾望的滿足依靠口腔的活動；肛門期（anal），因為排泄而獲得滿足感覺；性器期（phallic），孩子會觸摸性器官以獲得滿足感；潛伏期（latency），對於同性有興趣；兩性期（genital stage），對於異性的興趣濃烈〕，帶給我們一個嶄新的向度來了解孩童和青少年的成長和學習（Freud, 1905/2000）。在 20 世紀期間，佛洛伊德的想法被許多教育家運用到教育領域，包含了尼爾先生（A. S. Neill,；譯註：著名的夏山學校的創始者）、卡爾・羅吉斯（Carl Rogers；譯註：人本主義心理學家）、布魯諾・貝特漢（Bruno Bettelheim；譯註：著有《佛洛伊德與人的靈魂》）與威廉・葛拉瑟（William Glasser；譯註：選擇理論的創始者，提到學校教育讓學生不願意全力以赴地學習，建議採用選擇權給學生的心理暨教育學家）以上學者都強調壓抑的學習方式所具備的破壞性本質、了解情緒表達的重要，同時強調大人需要更加敏銳地關注孩童和青少年的內在世界（Bettelheim, 1989; Glasser, 1975; Neill, 1995; Rogers, 1994）。此外，許多佛洛伊德的信徒，包含阿弗烈德・阿德勒（Alfred Adler；譯註：主張超越自卑是人類行為的主要驅力的心理學家）、卡爾・榮格（Carl Jung；譯註：分析心理學的創始者）和艾瑞克・艾瑞克森（Erik Erikson；譯註：心理社會發展論的作者）都創造一些和發

展相關的理論，在 20 世紀也都廣泛地被運用到教育領域（Erikson, 1993; Hoffman, 1994; Jung, 1969）。在艾瑞克森所發表的第一篇文章〈心理分析和教育的未來〉中，他表達自己的期望：「自我了解的療效力量的真相……將提供一個『清晰的視野』，使得孩童可以獲得『嶄新的教育』。」（1935）緊接著，艾瑞克森影響了精神科醫師羅伯·柯爾斯（Robert Coles），他所說的兒童故事清楚地指出一些兒童對於宗教、政治、道德和其他重要的文化議題的觀點，通常就是那些介於貧窮和危機之間的議題，提供世人一個獨特的個人紀錄，其說明了許多孩童在一個錯綜複雜的世界成長時，所必須面對的發展挑戰（相關範例請參考 Coles, 1991, 2000, 2003）。

在成為心理分析家之前，艾瑞克·艾瑞克森是一位受過訓練的蒙特梭利的老師。瑪麗亞·蒙特梭利是 20 世紀人類發展信念在教育運用上的一位重要教育家。蒙特梭利是義大利第一位榮獲醫學學位資格的女士，對於孩子的研究發展出濃厚的興趣，所以在 1907 年在羅馬城外的一處貧民窟創設了一所學校，稱之為卡薩德版比尼（「孩子們的家」），在這裡逐漸形成蒙特梭利教學法的許多構想、策略和素材，這個教育方式在接下來的幾十年期間橫掃全世界。她的方式在本質上是尊重每個孩子都有能力在沒有大人干擾的情況下，主動去學習認識這個世界。她寫道：

假如我說有一個星球上沒有任何學校或老師，人們不知道要學習，而生活在那個星球上的動物──除了生活在那個星球，並且四處走走以外，什麼事情都不做──卻知道每一件

53

事情，在他們的腦海擁有全部的知識：你是否會認為我太過浪漫呢？好吧，就是這樣，這看起來是那麼富有想像力，就好像是我除了提供了一個肥沃的想像以外什麼都沒有，這是事實。那就是孩子的學習方式。那就是他所遵循的旅程。他在毫不知情的情況下學會每一件事情，這種過程從無意識的狀態慢慢轉向有意識的狀態，總是走在愉悅和愛的旅程上。
（Montessori, 1984, p. 36）

　　另外一位發展出一套完整教育體制的知名思想家，是德國的哲學家，同時也是一位神奇人物的魯道夫·史戴納。1919 年，他接受在德國史塔格特地區經營華德福·阿格特菸草生意的老闆的邀約，為菸草工廠的員工子弟建立一所學校，並且擔任校長。他的嘗試最後演變成華德福教育學派（Waldorf Education）的創立，目前在全世界四十多個國家共有八百所華德福學校（譯註：國內以華德福教育觀點經營的學校，就是位於宜蘭縣的慈心小學；還有一所結合國中小的原住民為主的學校，也在盡量嘗試這套教學模式）。史戴納認為孩童是三重的人類（心靈、精神和肉體），一生當中每隔七年，會在不同的三個發展階段逐漸展開這些層面。根據史戴納的觀點，第一個七年應該投入孩童在身體上的能力發展（雙手的教育）。第二個階段應該涵蓋孩童在情緒生活上的教養（心靈的教育）。第三個階段應該教導青少年知識份子的生活（腦袋的教育）。史戴納建構課程的獨特方式關注到每一項發展需求，所以將學校每天的上課時間區分為三個區塊。每天的開始都進行一些和頭

54 　腦有關聯的活動（智力方面的工作），中間的區塊則是獻給心情感
受方面的學習（故事、音樂和節奏或律動之類的活動），至於每天
最後一項活動則是引導學生專心致力於動手操作的活動（身體和動
手操作的活動）（請參考 Steiner, 1995, 2000）。

　　在人類發展信念方面還有一個在歷史上扮演穿針引線的人物，
那就是瑞士的認識論學者皮亞傑，當他與阿弗烈德・比奈（Alfred
Binet）共同研究探討智力測驗方面的研究計畫，便著迷於兒童
思考這個世界的許多方式。一系列非凡卓越的書籍和文章陸續從
1920 年代發表到 1970 年代，皮亞傑探索兒童是如何思考時間、空
間、數字、邏輯和其他有關於客觀世界的許多觀點（相關範例請參
考 Piaget, 1975, 1998, 2000）。他是第一批示範（透過個案研究和
自然觀察方式）兒童的思考和成年人的思考模式在本質上截然不同
的一位研究者。他發展一套階段理論來描述兒童的思考跟隨時間的
演替而有愈來愈複雜的表現，從生命中的最前面兩年，所謂的感覺
動作期開始發展，逐漸發展為三到六歲的運思前期（過度）階段，
再發展到介於七到十一歲之間的具體運思期（兒童在這階段首度有
能力可以運用類似成年人的邏輯思考模式），以及在十一或十二歲
之間的形式運思期（在這階段，青少年能夠在不提到具體事物的情
況下進行思考）。他的理論為其他研究者提供一個理論基礎，包含
勞倫斯・柯爾伯格（Lawrence Kohlberg；譯註：這位學者根據皮
亞傑的理論發展出道德發展階段理論）、傑諾米・布魯納（Jerome
Bruner；譯註：美國心理學家和教育家，是結構主義教育流派的代
表人物之一）和豪爾・迦納（Howard Gardner；譯註：美國哈佛大

學心理學家、多元智慧理論創始者），他們進一步探索與認知的發展過程有關聯的其他觀點，像是道德判斷的發展、意義建構的過程和藝術方面的發展（相關範例請參考 Bruner, 2004; Gardner, 1991; Kohlberg, 1981）。皮亞傑的另外一位學生——大衛‧艾肯（譯註：美國 Tufts 大學「兒童發展研究中心」的教授，也是國際知名的兒童心理學家；最著名的著作是《蕭瑟的童顏》），則進一步探索不適宜發展的教學和文化方面的實務工作對於人類的成長和學習可能帶來的衝擊和影響（1987, 1997, 2001a）。

前蘇聯的心理學家維高斯基〔Lev Vygotsky；譯註：1896-1934，出生於俄國的社會學家兼認知心理學家，他所提出的潛在發展區域（zone of proximal development）和交互學習的概念自 1970 年代迄今，均被視為當代學習環境設計的重要依據〕對於人們理解孩童的認知發展也有重要的影響力。他檢視幼童的語文發展，並且強調社會情境和文化影響力在協助人類發展和學習方面的重要性。他這麼寫著：

> 在發展的過程中，孩童不僅精熟文化經驗的項目而已，還要精熟學習文化行為的習慣和形式，以及推理的文化模式。因此我們必須區分孩童行為發展的主要分界線。首先我們必須承認，在行為的自然發展中有許多區分線，這些分界線與一般器官的成長和孩子的成熟過程有密切關聯。其次，有一種心理功能所帶來的文化改善分界線，孩子需要學習新的推理方法，並且精熟行為的文化模式。（Vygotsky, 1929, p. 415）

55

在過去三十五年，人類對於大腦運作的理解有更進一步的認識，也因此為人類發展信念在教育方面的運作增添了新的向度。從 1960 年代加州大學柏克萊分校的研究開始（當時的研究人員發現環境的刺激對於老鼠的腦部發展有所影響），有愈來愈多的研究者了解到人類對於孩童和青少年腦部發展的更多理解，將可以協助各級學校的教師研發出適宜發展的教學實踐工作（相關範例請參考 Diamond & Hopson, 1998）。研究人員使用腦部掃描的技術來檢視嬰兒到青少年階段的大腦的結構特質和新陳代謝的活動（Chugani, 1998; Giedd, 2004; Giedd et al.,1996, 1999）。其中有許多研究指出，從幼年階段到差不多十歲左右的孩子，他們的大腦新皮質區（neocortex）有高度的活躍性；在這之後，一般說來這些活動的活躍性會伴隨著大腦的「可塑性」（因應環境刺激而改變它在腦神經結構的能力）。腦部研究者哈利・朱干尼（Harry Chugani）這麼寫著：

> 在孩提時代有一段持續發展的期間會因應活動而讓突觸穩定下來的觀點，近年來獲得相當的關注——也就是那些想要早期介入，以便提供「環境豐富」的學習環境和設計最適當的教育課程的個人與團體相當關注的。因此，現在有許多人（包含本書作者）相信有一個生物性的「機會窗口」的存在，這個機會窗口的學習效率高，而且容易保留在腦部，卻還沒有被我們這個教育體制完善地運用。（1998, p. 1228）

近年來對於腦部研究的快速發展讓我們對於大腦有進一步的理
解，雖然本質上都是實證主義的觀點（人類發展在身體和生物方面
的觀點都必須有這些論點支持），不過都補充了人類發展信念的許
多觀點，也將在這本書的其他部分做進一步的討論。

⚽ 人類發展信念的一些正向後果

在上一章，我們檢視了學業成就信念在教育上的一些負面後
果。在這一章，我們檢視了人類發展信念的一些定義、假設和歷史
的發展沿革之後，現在來檢視人類發展信念的一些*正向*後果。在此
值得一提的就是，把關注的焦點轉移到人類發展信念有一個最佳的
理由，那就是我們可以*減少*原先對於學業成就信念的關注，也因此
可以協助師生大幅度減少學業成就信念的那些負面後果。這種轉移
焦點的運作將意味著比較少的作弊、比較少的教學時間運用到「考
試領導教學的層面」、比較少學校去操弄測驗的成績，比較少使用
所謂的「學習的藥物」、學生也比較不會出現情緒方面的壓迫感、
比較少的成績等第不及格和中輟的現象，還有比較少讓學生和老
師感受到學習或教學的無助感或無力感。單就減少這些因素就已經
足夠當成一項主要的正向後果了。請注意，除非我們採用深層的態
度，在教育界運用人類發展的信念，否則底下所提到的正向後果就
不會發生在師生身上。只是單純使用文字的標示──例如在開學
那天使用人類發展信念的語詞和詞彙、在專業發展的工作坊使用這

56

些詞彙，以及在州政府和聯邦政府所頒布的相關法規的緒論提到這些詞彙——是不夠的。這樣的信念必須出現在每天的活動上，並且讓大家可以一目了然，了解學生的學校生活將會因此而有顯著的重大變革決定。

正 向 後 果 **1：人類發展信念讓學生投入學習的活動和課程，這樣的投入會讓他們在面對真實世界時有比較好的準備。**

57　　學業成就信念的倡導者勉勵他們的學生要認真學習、獲得優異的成績，以及在各式各樣的測試表現良好，才能為未來做好準備。不過這樣的做法到底是要為哪一種未來而做準備呢？一個更認真學習的未來、孜孜不倦地為了獲得好成績而努力學習，以及更多的測驗嗎？真實的世界並不是這樣子。真實的世界所包含的是和別人能相處愉快、解決一般常見的問題、成為社區的一份子，以及在一個牽扯到音樂、藝術、戲劇、機械、木工或其他非主科學業的領域追求上，發展出具備專業領域所需要的勝任能力。一個嚴格聚焦於學業成就的學校運作無法協助學生準備投入這個豐富且錯綜複雜的世界。相對的，它把焦點縮小到實際發生在這個世界上非常小的一部分事情上。我經常告訴參與工作坊的學員一件事情，那就是學校做得最棒的一件事就是協助學生為一個特定的工作做好準備：成為測驗卷製作公司的員工。在他們完成高中教育之前，他們已經接受過千百次的測驗，所以他們在高中畢業時應該已經成為測試的專業人

員了（譯註：說來諷刺，同樣的事情或更加嚴重的現象發生在國內。譯者的小孩正就讀國中三年級，各校為了「協助學生」做好學力測驗的準備，暑假成了需要上學的日子。最重要的，就是每天上學，做學校發的測驗卷和反覆地練習。只能說教育政策的精神是正確的，但是執行層面發生嚴重的失調，讓教育改革的美意，變成扼殺學生學習興趣的主要殺手）。唯一的問題是測驗卷出版商並沒有開出很多工作的缺額！如果學生曾經參與投入更寬廣的學習計畫，那些會協助他們嘗試追求各種學術和非學術性的學習活動，讓他們更加了解做為一個學生的學習活動、發展創造力和解決問題能力的活動，並且強化社交技能的活動，那麼學生在進入成年階段時，會比較有面對世界的準備。

正 向 後 果 2：人類發展信念讓每一位學生都可以在自己優勢的項目上展現才華。

如果教育計畫的所有焦點都集中在學業上，那麼只有那些在學校課業表現亮麗的學生才可能在學校獲得真實的成功經驗。同時，那些不具備校園智慧但在非學業方面卻很有成就的學生就很少有機會可以展現他們的能力了。實際上，他們必須要把校園裡大多數的時間耗費在那些他們**最不**擅長的活動上。我要問問讀者：如果你必須每一天花費六小時，每星期超過四十小時的時間做一些你覺得最困難的事情，那麼你將會有什麼樣的表現呢？在這樣的情況下，中輟的傾向（或做出一些不良行為）是否會比較強勢呢？另一方

58

面，在一個根據人類發展信念運作、一個找尋各種方式——除了閱讀、數學和自然科學以外，還包含音樂、園藝、建築、講故事、繪畫、水電工程等方面的教學活動——來協助學生展現他們的潛能的學校，就可以提供更多樣化的機會，讓每一位學生都可用學習者的角色獲得成功的經驗。

正向後果 3：人類發展信念減少我們把學生歸類為學習障礙、注意力不集中、學習低成就或是其他負面標籤的需求。

學校把學生標籤為學習障礙和注意力不集中（attention deficit hyperactivity disorder）等作為最主要是因為學業成就信念在 1960 年代到 1970 年代的崛起。誠如上一章提到學業成就信念的歷史發展沿革所描繪的一樣，我們在 1960 年代看到初等和中等教育法規（Elementary and Secondary Education Act）的頒布、全國教育機構的評鑑計畫（National Assessment of Educational Progress）的推動和執行，以及在 1970 年代開始在教育界大量使用績效這樣的字眼。特殊需求學童法規（The Children with Specific Learning Disabilities Act）在 1969 年經民意機構三讀通過，而注意力不集中症這樣的詞彙則是在 1972 年由學者維吉尼亞·道格拉斯（Virginia Douglas）所創造。這絕對不是巧合的事情。當教育界對於閱讀、寫作和數學成就方面的需求愈來愈高時，就逐漸有一種需求來描繪那些無法跟上進度的學生，當然那些在學業方面不及格被歸類為特

殊教育需求的學生人數也就因此而提高很多：被歸類為特殊教育需求的學生人數從 1977 年以來實際上已經成長了兩倍（Goldstein, 2003）。這種人數不斷竄升的現象有一個自然的推論，那就是我們會認為只要我們降低學業成就信念的強度，那麼就會有比較少的學生被歸類到特殊教育，因為他們將會有機會可以運用自己強勢的優勢來進行學習和成長，這是人類發展信念所伴隨的一些教育實踐才可能提供的活動。

正 向 後 果 **4：人類發展信念讓學生發展一些能力和學習品質，這些學習能力和品質最終會讓這個世界變成一個更棒的地方。**

59

　　協助學生在測驗獲得高分並且拿到全國最棒的大專院校的入學許可，不會關聯到我們這個國家是否能夠培育出一些可以協助我們解決戰爭、貧窮、人口過剩和疾病的人。大衛·賀伯斯坦（David Halberstam）所寫的《出類拔萃之輩》（*The Best and the Brightest*）中，就明白指出那些從長春藤名校畢業的高材生——所有美國人公認獲得最佳教育的一群人——帶領美國投入越戰，導致成千上萬美國軍人和民眾傷亡（Halberstam, 1993）。更令人心寒的現象則是一個國家——德國，生產了全世界公認在學術方面獲得最高成就的許多人民，居然演變為野蠻的納粹文化，導致好幾百萬無辜民眾喪命，以及族群滅亡（Shirer, 1990）。學業成就信念無法協助人們發展出具備人道的行為和能夠教化人心的行為舉止。實際上，因為

它縮小了學習的項目，偏重數字和文字，而不是關注人們，所以反而可能會阻礙這樣的發展。人類發展信念正好相反，主要關心的就是個體的發展，而且我們所關心的個體也會關心他們周遭的世界，這些個體終究也會在成年階段發展成艾瑞克森所說的「有生產力的能力」：具備回饋社會和回饋文化的能力（Erikson, 1993）。只有當提供服務給社區的氛圍在學校的地位和閱讀、數學和自然科學的學習成就等同時，甚至超越這些學科學習的地位，才有可能讓這類的發展發生在學校的學習中。

正 向 後 果 5：人類發展信念協助這個社會改善許多社會問題，而這些社會問題在今日這種切割零散的文化下，不斷困擾或折磨年輕一代的學子。

　　對於每一位教育從事人員來說，很清楚的一點就是，我們這個國家的年輕學子參與那種自我摧毀的行為，像是自殺、濫用藥物、吸食毒品、飲食失調和酗酒等等，都已經到了可怕的境界。此外，他們也投入一些會毀壞他人的行為，像是惡意破壞公共財產、性騷擾、霸凌和幫派的暴力行為等等。如果一所學校把大部分課程的焦點集中在學業的學習和測驗的分數上，就不會有太多的資源可以協助那些每天都在為學校生活掙扎的學生，學生才會因此產生這些破壞性的行為舉止。另一方面，採取人類發展信念的學校傾向於創造一些學習活動來支援學生在心智方面的健康需求，所以這些類型的行為舉止比較不可能出現在這樣的校園裡。這樣的學習活動包含了

完善的輔導諮商和轉介的服務、自我覺醒的活動、性教育的班級、民主的教室、預防犯罪的活動、品格教育、輔導活動計畫,和一些可以把破壞性的能量轉換成創新旅程——像是藝術、戲劇、音樂和舞蹈等課程——的引進和推展。因為關注的是每位學生完整的發展,包含他們的社交、情緒和創造力的需求,所以人類發展信念首要的任務就是支持那些肯定生命價值的態度和行為,也可以在衝突和對立還處於萌芽的階段就先化解這些心理方面的問題,以免在事情爆發後,變成一發不可收拾的場面,最後造成學生和他們生活周遭人們的生命損害。

正 向 後 果 6:人類發展信念協助學生變成更像真實的他們自己應該有的發展。

即使學業成就信念真的能夠讓每一位學生都實現他們在學業方面的潛能(例如,每一位學生在 2014 年底之前都要精熟閱讀、數學和自然科學的課程),但如果和教化人類的真實目標相比,這樣的成就還是太微不足道了。就誠如我們在這章稍早所提到的,「學業」這個詞彙是有限的,而「人類」這個詞彙是無限的。一旦我們達到原先設定每一個孩童在學業方面都有所成就的目標,之後要怎樣呢?學業成就信念基本上認為除了學業以外,沒有其他額外的事情是需要學習的:在這樣的情況下,教育界的夥伴已經完整盡到他們的職責了。相對的,人類發展信念認為 100% 的精熟學業課程,只是發展一個人潛能的一小部分,我們把它視為一個持續發展且深

61

不可測的過程。人類發展信念了解每一個孩子都具有獨特的潛能來
發展能力，超越他們現在的階段，更重要的是，甚至是**超越老師對
他們的期望**。學業成就信念嘗試透過篩選過的測驗、智力測驗和
「準備度」的評量，來預測一個學生在校園生活早期的發展限制。
這樣的學生經常會因此陷入老師自我實現的預期而無法脫離這樣的
限制（Rosenthal & Jacobson, 2003）。當學生逐漸發展成熟時，人
類發展信念仍然讓孩童保有一些自我發展的可能性。部分偉人的自
傳說明他們當中有許多人原先並不被看好可以在生命中創造出非凡
的事業（相關範例請參考 Goertzel, Goertzel, & Hansen, 2004）。如
同音樂家卡薩爾斯（Pablo Casals, 1981）寫道：

> 我們在學校裡教導孩童哪些事項呢？我們教導他們二加二等
> 於四，我們告訴他們法國的首都是巴黎。有什麼樣的時間我
> 們可以教導他們認識自己是什麼樣的人呢？我們應該告訴他
> 們當中的每個人：你知道你是什麼樣的人嗎？你是一個令人
> 讚嘆的人才。你是獨特的。在這整個世界上沒有任何一個孩
> 子和你一模一樣。過去的幾百萬年也沒有任何一位孩童和你
> 一模一樣。現在請你好好地看看你自己的身體——這是一個
> 多麼不可思議的身體啊！你的腿、你的胳膊、你那靈巧的指
> 頭、你做運動的方式，在在都是那麼的不可思議！你可能會
> 變成下一位莎士比亞、下一位米開朗基羅、下一位貝多芬。
> 你有潛力成為任何你想成為的人物。是的，你是一位令人驚
> 訝的奇葩。（p. 295）

正 向 後 果 7：人類發展信念讓老師和學生對於學習環境有更多的主控權。

在今日這種學業成就信念的氛圍下，在「把每個孩子帶上來」法規強制要求每一所學校要達成每一年足夠的進步的情況下，老師們被迫使用一些不見得和他們的教育哲學觀一致的教學計畫和教學方法。他們身為教育界人士的能力和骨氣都被忽略了，也因此感受到強烈的無力感。這樣的無力感會傳遞到學生身上，他們也將會發現在專注於學業成就這種狹隘的教育目標的學校領導者運作整個學校時，自己原先的興趣和學習風格並沒有被納入考慮。只要學業成就測驗仍然是學習是否有進步的主要決定者，學校的全體師生將會被那些最能夠協助學生獲得高分的方法和學習活動所束縛。這些方法和學習活動通常和測驗本身根本就是一模一樣的東西。相對的，人類發展信念所關注的是以相同的程度同時關注學校裡的師生（請注意到當我在描繪老師的工作坊和研習時，使用了「專業發展」這樣的詞彙）。自發性是人類發展過程中一項重要的觀點，也是人類發展信念特別尊重的一個項目。在那些受到人類發展信念鼓舞的學習活動裡，老師受到的尊重是把他們視為這個專業裡的行家，而學生可以有很多選擇來挑選他們的學習經驗。

正 向 後 果 8：人類發展信念將會在校園裡減少紀律問題。

當教育的焦點集中在學業的成就時，那些不願意或不能參與這個過程的學生在校園裡就比較有可能從事不良的行為。因此，

校園裡的老師和行政人員被迫要使用許多懲罰的方法，包含行為改變的策略、武斷的訓導活動、退學和其他的處罰策略。每一年有超過二十五萬的學子遭受老師對於他們所採取的肉體上的處罰（National Association of School Psychologists, 2005）。學業成就信念強制要求學校必須在核心的學業科目上讓學生獲得持續性的進步，如果學生嘗試要破壞這樣的歷程，那麼學校就必須撥出時間和人力來導正這樣的學生，或是讓他們脫離校園生活。

相對的，人類發展信念把「紀律的問題」當作學生發展過程的一部分，因此把這些問題當作改變學生及引導學生成長的機會。人類發展信念和學業成就信念不同的不只是單純讓那些不良行為中斷，而是以非常關注的態度協助校園裡的師生理解這些行為之所以會存在背後的情緒、社交和認知方面的原因（「紀律」這樣的字眼畢竟意味著「學習」的意思）。例如，有個學生可能丟擲一架紙飛機到老師身上，只因為他很無聊、焦慮、悶悶不樂、感覺一團糟、憤怒或其他任何原因。人類發展信念把這些行為當作「學習歷程上的障礙」，而非「不良行為」，所以能夠創造一些解決方案來提供學生安全無虞、學業上的協助、社交技能的培訓或其他各式各樣發展方面的介入行為，直接針對造成這種困擾的核心問題。此外，當學生投入那些可以誘導他們在社交、情緒、創造力、生理和精神上的自我認知的學習活動時，就比較不可能從事一些會干擾學習歷程的活動了。

63

080 / THE Best Schools.

正 向 後 果 9：人類發展信念鼓勵創新和多樣化的學習活動。

誠如前文提過的，學業成就信念縮小了課程的焦點，並且讓從事教育工作的師長感受到嚴重的無力感，而不得不被迫採用一些方式來配合考試領導教學的必要性。採用固定不變的教學活動，像是直接教學法，讓老師無法將他們的創意和獨特性投射到教室裡的學習活動。相對於此，人類發展信念珍惜創造力與個別的獨特性與創新構想之類的品質，並且提供一個氛圍讓老師和學生可以參與投入開放式的討論活動、個別化的專題計畫、靈光一閃的學習情境（serendipitous，在意外的情況下浮現出一個令人興奮的構想，並且是值得進一步深入探究的）與創新的方式來展現我們承諾要發展學生的社交、認知、情緒、道德或創造的能力。這些方式當中至少包含了多元智慧的方式、腦神經科學為基礎的學習方式、社區服務的專題計畫、情意教育和建構學習等等。這些方式通常被學業成就信念的支持者貶低為沒有經過測試的、不可信的、奇怪的念頭，也是他們認為降低全國的測驗成績的主要原因之一。這樣的鑑定方式是可以理解的，因為學業成就信念對於成功的標準是根據量化的研究和飆高的測驗分數。人類發展信念對於成功的定義是在提升全人的成長，並且將進步的定義視為一位學生在關注、創作、感覺有信心、受到鼓勵、解決問題、深入思考並且能夠深層的過生活的能力的提升。因此，人類發展信念的支持者不斷地找尋一些有趣的策略、課程和學習活動，來協助他們展開學生和青少年尚未被開發的潛能，來探索這些方面和其他方面的能力。

64

正向後果 10：人類發展信念倡導我們要建立適宜發展的教學實踐，不鼓勵老師們在校園裡使用不適宜發展的教學實踐。

　　或許人類發展信念最重要的一個正向後果是，它將會帶領老師較常用一些專門為了滿足學生從幼稚園到高中這些不同的特定階段的發展需求，而設計的教學方式和學習活動。學業成就信念只有在一種方式的情況下會肯定發展方面的需求：依學生的年齡／年級劃分階段的學校課程體制（例如，托兒所、幼稚園、國小低年級、中高年級、國中／初中和高中）。此外，在學業成就信念方面也有一些認同，認為課程內容和教學法要能夠因應學生的階段來做適當的調整。

　　不過，學業成就信念逐漸將它那窄化的議程施加在所有的年齡和發展的階段。這樣寬廣的運用導致一些發展上的虐待行為，像是給托兒所的學童兩小時的家庭作業，或是針對那些已經受夠學業壓迫的高三學生更深切的學業成就期許（譯註：國內以往的高四班和一些補習班，在聯考前進行考前衝刺，或許就是這類的壓力；雖然讓少部分學生考上理想大學，卻讓多數學生完全喪失讀書的樂趣）；忽略早期青春期的青少年在社交和情緒方面的成長會受到青春期的影響，反而不斷把這群青春期的青少年快速地帶領過一段沒有多少人性的學業課程。這種不適宜發展的實踐可能在不知不覺當中造成一堆社會方面的病態行為，包含專注力和學習方面的問題、壓力相關的病徵，甚至是校園的暴力行為（Elkind, 1997, 2001a,

2001b）。相對的，人類發展信念根據最原始的本質承諾一些教學方法和學校的學習活動來滿足學生特定的發展需求。

這本書的最後四章將把焦點集中在人類發展信念應該如何被妥善地運用在校園裡，在面對愈來愈多學校學區廣泛使用學業成就信念，完全忽略了學生發展方面的需求時，提醒教育夥伴要多多考量和研發一些適宜發展的教學實踐。我建議針對學生的特定發展需求在四種學校階層設定目標：幼稚園、國小、國中／初中和高中。我認為幼兒教育的主要焦點應該是盡情地讓幼兒在校園進行遊樂，而國小的主要焦點應該是安排活動讓學生學習這個世界是如何運作的，國中和初中階段的教育應該考慮學生在社交、情緒和後設認知方面的發展，最後則是考慮到高中教育的辦學焦點，應該是為這些學生面對真實世界可以獨立自主的生活而做好準備工作。

在隨後的四個章節裡，我將討論學校教育的這四個階段中的每一個階段，以及他們個別的發展目標。在這一章，我將描繪孩童或青少年在那個階段的獨特發展特質（我了解個別的學生在他們的發展速度上可能會有很大的差異性）。我將包含發生在每一個階段的主要生理和腦神經變化上的訊息；以及在每一個教育階層，社會和人類學方面對於人類文化傳統上是如何教育孩童及青少年進行學習的；還有孩童或青少年是如何了解、感受、思考以及他們如何和他人與客觀的外在世界做連結的心理學方面的知識。我將會展示每一個個案在每一個發展階段的獨特特質，讓何種教學活動或方式成為最適合那個階段學生的教學方法或學習活動。我也將在每一章說明

66

學業成就信念在哪些方面沒有照顧到這些發展方面的需求；以及在某些個案裡，還會積極地和學生的學習需求做頑強的對抗。最後，我將描述一些適宜各階段發展的獨特課程、教學技巧、學習策略和學校的活動，也會說明哪些實踐是學校師長應該盡量避免的方式。在每一章，我將包含某些投入心力在適宜發展的教學實踐的學校範例。這些學校在這個國家裡為**最佳學校**的代表。就像我們即將看到的，最佳學校不見得是那些擁有最高的測驗分數的學校，不過卻是那些想要協助校園裡的每個人邁向成熟階段的最佳學校。

⚽ 進階閱讀

1. 你和你的同事有多常參與人類發展信念的討論和實踐呢？請參考底下的字彙和詞彙：

- 成長的阻礙
- 人類的潛能
- 品格
- 個性的形成
- 以學童為中心
- 未成熟
- 認知方面的成長
- 個人的特徵
- 創意性的顯露
- 個別化的學習
- 創造力
- 賦予個性
- 好奇心
- 誠實
- 發展歷程的挑戰
- 自比性（ipsative）的測驗
- 發展的目標
- 學習的需求
- 發展階段的界線
- 發展成熟

- 適宜（或不適宜）發展的實踐
- 發展的路徑
- 發展的軌跡
- 童年時期的創傷
- 情緒上的成長
- 旺盛、興盛
- 專注（flow；譯註：國內一般翻譯為浮流，是多元智慧用語，是說一個人專注到廢寢忘食的情境）
- 促進成長
- 人類的成長和發展
- 心靈上的成長
- 生命舞台

- 熟練、完善
- 人類發展信念
- 道德發展
- 自然的學習
- 培育或教養
- 最理想的發展
- 身體的成長
- 彈性或恢復力
- 自我的實現
- 自我的表達
- 敏感、容易被傷害的階段
- 社交方面的成長
- 獨特性
- 機會窗口
- 轉型

67

請注意觀察，在一個典型的上課日子裡，這個清單上面的詞彙或文字在學生、老師、行政主管或家長的對話或書寫的溝通時，到底有多常出現。是否有哪些特定的情境比較容易看到這些信念經常被使用（例如，專業發展的工作坊、學校的教師週會，或是給學生的輔導課程）？以文字方式記錄一整天的對話或你所書寫或閱讀的書信往返。請和你的同事討論這樣的結

果。也請你在上述針對人類發展信念的清單上增添任何你認為屬於這個範圍，卻沒有出現在上面的字彙或詞彙。

2. 請和你的同事討論在這一章所敘述的人類發展信念的哪些正向後果可以運用在你自己的學校情境中。從你的學校正常上班的日子舉出具體例子來說明。還有哪些正向的後果並沒有出現在本章的文字說明，但因為人類發展信念的運用，而發生在你們的校園呢？

3. 從人類發展信念的主要思想家當中挑選一本他們所寫的書籍（例如：蒙特梭利、史戴納、杜威、皮亞傑和艾肯），請和同仁們共同閱讀這樣的一本書，然後召開會議來討論你們閱讀這本書的心得（請注意：如果你不熟悉這些偉大的思想家寫過的書籍，請參閱本書的參考文獻部分，就可以找到他們所寫的書）。你挑選的思想家對於人類的成長和學習抱持怎樣的假設呢？這些假設和你的學校或學習環境是否有一致的觀點呢？為何有或沒有一致性呢？這位思想家的哲學或教育實踐有哪些項目可能可以運用到你自己的教育現場呢？

4. 請研究質性研究的方法論，有些是你可以單獨進行的研究，有些則可以和同事共同進行（請注意：你可以在第 56 頁找到一些質性研究方法論的書籍當作參考）。從你的觀點來分析，在評量學校的學習上使用質性研究有哪些優點呢？有哪些缺點呢？請在你的教育現場規劃並執行一個研究計畫（例如：教室、輔導和行政方面都可以），讓你可以發揮你所學到的一些質性研究方式的功能。請把這樣的研究結果和評估學校學習經

68

常使用的統計研究結果做比較（例如，測驗的成績）。討論在
這兩種情形下，你所觀察到的資訊類別的差異。這樣的研究計
畫將會讓我們朝向哪樣不同的知識類別呢？又會帶領我們邁向
哪些不同的問題探究呢？

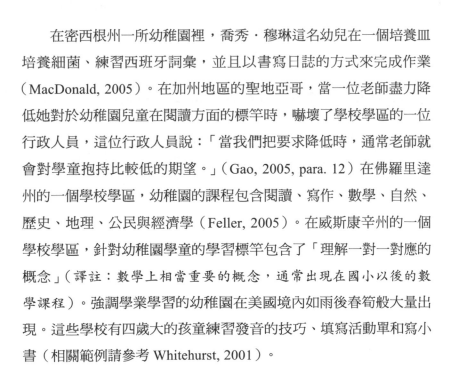

CHAPTER ③
幼兒教育教學活動：遊戲

在密西根州一所幼稚園裡，喬秀・穆琳這名幼兒在一個培養皿　69
培養細菌、練習西班牙詞彙，並且以書寫日誌的方式來完成作業
（MacDonald, 2005）。在加州地區的聖地亞哥，當一位老師盡力降
低她對於幼稚園兒童在閱讀方面的標竿時，嚇壞了學校學區的一位
行政人員，這位行政人員說：「當我們把要求降低時，通常老師就
會對學童抱持比較低的期望。」（Gao, 2005, para. 12）在佛羅里達
州的一個學校學區，幼稚園的課程包含閱讀、寫作、數學、自然、
歷史、地理、公民與經濟學（Feller, 2005）。在威斯康辛州的一個
學校學區，針對幼稚園學童的學習標竿包含了「理解一對一對應的
概念」（譯註：數學上相當重要的概念，通常出現在國小以後的數
學課程）。強調學業學習的幼稚園在美國境內如雨後春筍般大量出
現。這些學校有四歲大的孩童練習發音的技巧、填寫活動單和寫小
書（相關範例請參考 Whitehurst, 2001）。

三十年前，除了那些最酷愛學業成就導向的教育夥伴外，在托兒所或幼稚園進行這類型的活動，幾乎是一件不可思議的事情。不過時空轉換到今天，他們已經變成普遍流行的教學實務。福祿貝爾在一百五十年前創立的「孩童的花園」已經轉型成非常年輕的學童所必須參與投入的學習工廠。幼兒教育有段時間曾經是教育夥伴抱持人類發展信念的地盤。曾幾何時，目前的幼兒教育已經被學業成就信念所統治。在這一章，我將把焦點集中在幼兒教育，並且說明幼兒真實的發展需求到底是哪些，以及為何遊戲（play）是在托兒所與幼稚園最能夠滿足那些需求的適合項目，以及如何區分那些在幼兒教育是不適宜發展的實踐，以及那些是適宜發展的教學實踐。

⚽ 幼兒發展方面的需求（三到六歲）

學業成就信念的支持者想要去創造一套連貫、前後銜接的課程，讓幼兒可以從幼稚園一路念到國小甚至國中。使用學業成就信念的教學活動會使用像「銜接幼稚園與小學的鴻溝」（divide；譯註：這裡當名詞使用，比較常出現在數位學習方面，例如，digital divide 通常翻譯為數位差距），以及「從幼稚園到國小創造一個毫無間隙的過渡階段」的詞彙隱藏在多數個案裡的事實，就是他們想要讓幼稚園的教育更貼近小學教育，而不是倒過來的情況（請參考 Wiltz, 2005）。然而，幼兒的生活 —— 在社交、認知與情緒方面 —— 和年紀大一點的孩童是截然不同的。特別是皮亞傑的研究成果讓教育界的夥伴了解到幼兒的發展需求和年紀稍長的孩童是

非常不相同的。皮亞傑使用「運思前期」（pre-operational）來說明幼兒從兩或三歲到六歲的思考模式。他使用這個詞彙的意思是說那年齡的幼兒在他們理解周遭世界時，其心智過程仍不會使用邏輯思考的操作（例如，數數、序列和逆向思考的能力等等）。在他那本《孩子對世界的認知》（The Child's Conception of the World）裡，皮亞傑（1975）說明孩子們會使用一些方式來理解這個世界。他們使用泛靈論——也就是說，他們把沒有生命的東西看成是有生命的。皮亞傑觀察一位三歲的小孩在牆壁上磨擦手臂，藉此搔癢時，他發現這個小孩這麼說：「誰做了那樣的記號呢？⋯⋯牆壁打我的地方讓我覺得很痛。」（p. 212）一個學齡前孩童的世界是變動的，在本質上甚至是神話般的。皮亞傑注意到一個四歲的男孩這麼說：「看！天上的月亮，它是圓的。」接著，一陣雲蓋過月亮時，小孩又說：「看吧，月亮被殺死了。」（p. 210）。

71

　　人類發展信念的前輩漢斯・溫拿（Heinz Werner, 1980）使用了「觀相術的感官」（physiognomic perception）這個詞彙來描繪幼兒如何看待這個世界。他這麼寫著：

> 我們每一個人，在某個時間點或其他時刻，會有這樣的一種經驗（在成年階段）。例如，一個地理景觀突然間看起來可能就像是在表達某種情緒——可能是開心的情緒，或憂鬱沈思的情緒，或鬱鬱不樂的情緒。這種感官方式非常不同於我們平時是經由事物本身顯而易見的「幾何─技術」特質來了解它們的，這是許多成年人都曾有過的經驗吧。在我們自己的範

圍內,有一個領域,在那裡所有的物件都可以直接表達我們內在生命的某些觀點。這是存在於我們對於人類和高等動物的臉孔和肢體動作的觀點。因為人類的相貌只有使用它最直覺的表達方式才能夠完整地被感覺到,所以我提議使用「觀相術的感官」這個詞彙來說明這種認知的方式。(p. 69)

舉個例子來說明,溫拿提到一名四歲小女孩的個案。當她看到畫有尖角圖案的卡片時會叫著:「哇!好多好多的刺針喔!」在這種情況下,她會猶豫地不敢用手把卡片撿起來,認為卡片裡的刺針會刺痛她的手指頭。另一個個案是一位五歲半的小女孩在黃昏時刻和她的媽媽在陰雨的天候下一起走著,她這麼說:「我看不到東西,霧太濃了。每樣東西看起來就像是在我的耳朵旁邊講悄悄話!」(Werner, 1980, pp. 72-74)。俄國的兒童作家科內‧朱高斯基(Kornei Chukovsky)(1963) 把兩到五歲的孩童看成是「語文的天才」,因為他們可以用新鮮的方式使用思考和語文的能力;就像有個小孩這麼說:「不要關燈啦——這樣我就沒有辦法看到該如何睡覺了。」(p. 3)共同感受的(synesthesia)經驗——也就是視線會被聽到、顏色會被品嚐、聲音被觸碰——在幼兒的早期發展是非常普遍的現象(相關範例請參考 Baron-Cohen, 1996)。幼兒的想像力比年紀稍大的孩童更加鮮明亮麗,某些個案會達到*直觀象的*(eidetic)階層。在這樣的階層上,內在的印象和外在的感覺一樣清晰(請參考 Giray, Altkin, Vaught, & Roodin, 1976)。

72

幼兒使用比喻的、幻想的、共同感受的與魔法般的方式來接近這個世界，在許多方面，就是一種反應腦神經科學階層的方式。一個幼兒的大腦和一個年紀稍長的孩童的大腦在結構和功能上有基本的差異。誠如腦部研究專家瑪麗安·戴蒙（Marian Diamond）（Diamond & Hopson, 1998）所指出的：

> 一個兩歲大孩童的腦部在能量上的使用和一個成年人的能量使用是相同的。然後這樣的程度會持續成長，一直到三歲為止，這時孩童的腦部活躍程度是成年人的兩倍。這種隱喻的分裂、茂盛、散發火花與強烈的腦細胞持續以成年人兩倍的速度成長，一直到九歲或十歲為止；在那時候，新陳代謝開始下降，並且在十八歲達到成年人的階段。（p. 54）

同時，幼兒有豐富的樹狀突（腦神經元之間的連結），其正在進行不斷修剪的歷程，在這階段腦神經元的連結被強化或拋棄掉，完全根據孩童從周遭環境到底接受或沒有接受到哪些類型的刺激所決定（Chugani, 1998）。孩子周遭的社交和情緒因子在這個階段的腦部發展過程顯得特別重要（Siegel, 2001）。

此外，這年齡的幼童在大腦的許多部分的腦神經系統，還沒有完整的髓鞘化。髓鞘化是長軸突（axons）被覆蓋或隔絕以便允許電流脈動在腦部有效流通的一個過程（請參考 Klingberg, Vaidya, Gabrieli, Moseley, & Hedehus, 1999）。這個沒有完全髓鞘化的腦部

可能可以解釋何以許多年輕孩童的感覺和想法和年紀稍大的孩童與成年人的想法差異那麼大。孩童腦部不可思議的可塑性指出孩子們的周遭環境的重要性——安全無虞和關注的社交和情緒的空間，搭配動手操作的互動環境——可以促進健全的腦神經成長。年幼孩子腦部的高度新陳代謝活動指出孩子們應該暴露在動態的、創意和多感官的經驗中。

⚽ 遊戲對於發展的重要性

孩童的遊戲代表最能夠滿足上述這些發展需求的唯一方式。遊戲是動態的、不斷改變的歷程，也包含多感官的模式、互動的、有創意的，並且具有豐富的想像空間。當孩童處在遊戲的情境裡，會讓他們整個腦袋受到刺激，不單只是那些和正規的學業學習有關聯的特定區塊。前蘇聯的心理學者維高斯基（1929）寫著：「對我而言，從發展的觀點來看，遊戲不是活動的主宰模式，不過在某些感覺上，它是學齡前階段發展的主要來源。」（p. 415）當孩童奔跑、跳躍、挖掘、扮演、塗鴉時，遊戲協助她的生理和知覺動力方面（sensorimotor）的發展；在其他方面，對於她所生存的地球和生活周遭的文化有直接的接觸。當她和其他孩童一起玩的時候，可以提升孩童的社交學習，其根據圍繞她的社交世界所看到的現象去創造角色，並且調整自己的嬉戲行為來適應同伴的需求和要求。當這個孩子有能力可以將自己的恐懼、喜悅、嫉妒、憤怒和奢望投注在玩具、木偶和其他可以操作的玩偶上時，就可以支持孩子在情緒上的

成長，並且以建設性的方式成功的把感受發揮在一個寬廣的範圍。
當孩子象徵性的以藝術材料、戲劇的即興創作與其他的方式表達他
們和周遭事物與人們的互動建構意義的類型時，就會支持他們在認
知方面的發展（請參考 Singer & Singer, 1990）。

　　雖然上面所提到的優點是那麼棒，不過和嬉戲最特別的項目相
互比較，就顯得微不足道：嬉戲可以當作什麼是**可能**的與什麼是
真實的之間的傳遞者。誠如發展心理學家大衛・維尼考特（David
Winnicott, 1982）這麼說：

> 嬉戲這個領域不是內在心理的真相。它存在於個體外部，不
> 過它也不是外在的世界。投入嬉戲這個領域，孩童從外在的
> 真相蒐集事物或現象，並且使用這些事物和現象來滿足來自
> 於內在或個人真相所衍生出來的樣本。在沒有產生幻覺的情
> 況下，孩子提出一個夢的樣本，並且從外在的真相中挑選一
> 種零散的情境度過如夢的生活。（p. 14）

74

　　當幼兒以這種方式參與遊戲時，他們混合了想像的內容（那些
單純是**可能**的事情）與真實世界的事情（例如，積木、玩具、服裝
與工作場所等等），接著透過他們自己的創意性作為，把一些自發
的、新奇的與獨特的事情帶入這個世界。在這種情況下，一個空的
冰箱外包裝可以是一艘太空船。一匹布就會變成阿拉伯公主的面
巾。一堆積木可以變成一群在原始森林裡的史前動物。這種遊戲的
過程可能是人類的所作所為當中最重要的單一事件了。有些科學家

指出人類就是透過遊戲來發展他們的額葉（frontal lobes）(Furlow, 2001)。荷蘭的歷史學者宗翰·胡新甲（Johan Huizinga）(1986)在關於遊戲的經典名作《遊戲中的人》〔*Homo Ludens*（Man at Play）〕中，就建議將遊戲「視為一項社會的脈衝，具有比文化本身還要深遠的歷史……實際上慶典是由神聖的遊戲衍生出來的；詩歌也是從遊戲醞釀出來的，並且因為遊戲而獲得滋養；音樂和舞蹈基本上就是純粹的遊戲罷了……因此我們所獲得的結論認為文明在它最早的階段，就是遊戲」（p. 173）。

　　我們可以聆聽世界上一些偉大的思想家描述他們自己在遊戲方面的成就，來了解遊戲在文明的發展過程中的重要性。牛頓曾經這麼寫道：「我不太知道在這個世界所顯露出來的樣貌；不過對我自己而言，我看來就像是一個在海邊嬉戲、找尋樂趣的小男孩，然後找尋一些比較光滑的小卵石或是比平常的貝殼還要漂亮的貝殼，不過真理這個偉大的大海，在我的面前卻好像完全沒有被探究過似的。」（引自 Brewster, 2005, p. 407）至於核子物理學家兼原子彈之父羅伯·歐本翰墨（J. Robert Oppenheimer）也一度宣稱：「有些在街上嬉戲的孩子可以解決最艱難的物理問題，因為他們還擁有一些我很早以前就遺失的感覺模式。」（引自 McLuhan & Fiore, 1967, p. 93）法蘭克·洛伊·萊特（Frank Lloyd Wright；譯註：20世紀中，最具獨創性的一位美國建築師）則追蹤他自己成為建築師的開端，可以回溯到他在福祿貝爾幼稚園第一次接觸簡單的積木所帶來的體驗（請參考 Rubin, 1989）。亞歷山大·佛萊明（Alexander

Fleming）這位發現盤尼西林的蘇格蘭科學家說：「我和微生物玩遊戲。破壞規矩時的感受真的很愉悅。」（引自 Cole, 1988, p. C16）或許可以這麼說，在文化上有重要貢獻的每一件事原先都是從一個遊戲的作為所造成的，而這樣的遊戲都是孩提時代所播種的種子萌芽而來的。遊戲的這項不平凡特色，結合社交、情緒、身體與認知等方面的好處，讓遊戲演變成核心的發展活動，周遭則由其他幼兒教育相關活動所圍繞。

⚽ 不適宜發展的實務工作

不幸的，在我們的文化當中，遊戲正經歷顯著的惡化現象。這個世界上最偉大的遊戲專家之一——紐西蘭的研究者布萊恩·史頓—史密斯（Brian Sutton-Smith）指出，我們現在看到小孩玩遊戲的印象，通常是單獨一個小孩坐在電視機或是電腦前，操弄他在遊戲光碟裡的角色（請參見 Hansen, 1998）。那根本就不是遊戲。相同地，在每個社區定期舉辦的足球比賽或是其他競賽性質的運動項目也不是遊戲。遊戲應該是開放式的經驗，是由孩童主動發起的，至少要包含假裝、混亂的活動，或是自發性的使用一些真實的物件來進行有創意的活動。當幼兒教育在學業方面的要求愈來愈高時，遊戲就變得愈來愈像是一個瀕臨絕種的物種。在這一小節裡，我將會指出在這個國家的幼稚園或托兒所的一些不適宜發展的實踐。

教導正規的數學和語文方面的技能

採用學業成就信念的教師經常指出腦部神經方面的研究，特別是孩童腦部的可塑性，他們以這樣的研究結果當作教導幼兒進行閱讀、寫作和數學方面的支持證據。不過腦神經方面的研究正好指出相反的論點，這些研究證明幼年的孩童腦部還沒有為這些抽象的正規技能的學習做好準備工作，相對的，應該投入較多的時間在想像的、比喻的、多感官的與嬉戲般的學習模式。

皮亞傑率先指出孩童如何透過參與自然的動手操作去探索真實世界，而在認知方面有所進展。有趣的現象是，皮亞傑經常被美國的老師質問他們可以如何加速孩童的認知發展階段（這是學業成就信念實際運作時的一個良好範例；譯註：早期譯者剛接觸到教育領域，選修兒童發展心理學時也曾提出這樣的問題，回國服務一段時間，發現教育界有層出不窮的問題後，才逐漸針對這種信念提出強烈質疑。顯然國內屬於這類型的教育夥伴不在少數，譯者當年只是國內培訓出來的「優秀學生」之一而已）。皮亞傑稱這個問題為「美國人的問題」（Duckworth, 1979, p. 303）。他建議發展的階段不應該被強迫接受，相對的，應該是孩童在自然的情境下與豐富的環境進行互動時才會發生。

在美國地區有一位皮亞傑的主要擁護者，那就是心理學家大衛・艾肯（2001b），他指出在孩童還很年幼的時候教導數學，在發展方面是多麼不合宜的一件事：

他們只是一群六到七歲的孩子，正在邁向皮亞傑所指稱的「具體運思期」的階段，這正好是孩子們可以建構一個「單元」概念的階段，這是他們理解數學區塊、數字構想的基礎。為了要獲得單位的概念，孩子必須理解每一個數字和其他所有數字都一樣，某種程度來說就是一個數字，但在計算列舉時又不相同。一旦孩子了解單位的概念，他們對於數字的了解就可以變成抽象的概念，從特定的某些事物抽離出來，不再是名稱上和序數上的數字了。像是加、減和乘的數學運作就可以單純使用數字來運作，代表他們不必再參考某個特定的事物當作指標，就可以實際上來操作這些數字了。（p. 13）

同樣地，針對教導幼童閱讀的一些不適宜的教學實踐，艾肯這麼寫：

為了能用音素學的方式來閱讀，孩子必須了解在不同的情境中，一個字母可能有不同的發音。可以閱讀「帽子」（hat）、「貓」（cat）和「坐下」（sat）的孩子，在閱讀「吃」（ate）、「門」（gate）和「稍後」（late）可能會出現困擾（譯註：因為這些英文都是發音類似，但是在中文方面卻有很大差異，所以附上原文供讀者參考）。同樣的，知道「別針」（pin）怎麼唸的小孩，可能在面對「轉動」（spin）時會有困難，這是因為這個字包含子音的混合，可能會把這些孩子給

搞混了。如果容許我使用皮亞傑的術語——「具體」運思對
於最高階層的閱讀是必要的條件。（p. 14）

77　　　在幼兒教育早期階段的正規閱讀和數學課程欠缺發展方面的準
備，合宜的單元或許可以協助我們解釋學生早年在幼稚園學習認識
字母、數字和其他死背的技能，在及早就學方案的介入時會有學習
下降的趨勢。研究指出接受早期介入學習計畫的孩童在進入國小階
段的早期，特別是在記憶的技能方面最有幫助，不過在稍後的年
級，當文學方面的認知需求實際開始之後，他們原先的優勢就會蕩
然無存（Currie & Thomas, 1995）。

標準化測驗

從 2003 年開始，聯邦政府開始在及早就學方案（Head Start
program；譯註：提供低收入家庭兒童及早接受幼兒教育的法規）
使用測驗（Rothstein, 2004）。超過五十萬個四歲的幼兒在接受標
準化測驗時，安靜的坐了二十到三十分鐘，考試的內容包含他們在
語文和數字方面的技能成就。在評鑑幼兒教育機構的辦學品質、執
行研究和評量孩童的進展時，都需要定期舉辦這些測驗和許多方
式。多數的州政府使用標準化的準備度測驗和篩選的測驗，在幼兒
進入幼稚園之前進行考試。幼兒從幼稚園畢業之前，也用標準化準
備度測驗來篩選學生的品質。

雖然國內許多幼兒方面的全國性組織團體不斷地警告這樣的
活動應該停止，不過這些測驗卻還是持續進行著。1987 年，全

國幼兒教育學會（National Association for the Education of Young Children, NAEYC）發表一份宣言，說明他們反對兒童在八歲之前進行大多數的測驗。相對於標準化測驗，NAEYC 建議使用一些適宜發展的教學實踐，像非正式的評量，這包含教師觀察和檔案。全國學校心理師學會（National Association of School Psychologists, 2005）在它所發表的宣言中也表達他們對於幼兒階段的孩童進行評量的立場：「針對幼兒階段的評量所進行的研究和實務證據指出，技術上是否足夠的議題是比較難以強化的，主要是因為年幼的孩童幾乎沒有任何測驗的經驗、專注時間短，以及他們的發展是快速且多變的。」（para. 2）兒童教育全球學會（Association for Childhood Education International）也表明他們的立場如下：「明確地提出我們的信念，我們認為在學齡前和幼稚園，甚至到國小二年級的學童所做的*所有*測驗……應該終止。」（Perrone, 1991, p. 141）它說明了在孩童幼年時代所做的標準化測驗導致壓力，並且無法提供有用的訊息，帶領我們朝向具有傷害性的能力分班，並給孩童貼上不必要的標籤，導致學校的教學以測驗為主要的教學目標，也無法為合作學習和解決問題的情境提供合適的情境。

78

電腦和其他高科技形式的學習

1980 年代後期，在美國境內合法的托兒所當中，只有 25％擁有電腦設備。現在，幾乎每一所托兒所都有電腦設施了。因為麻省理工學院的科學家山姆・帕柏特（Seymour Papert）和一些電腦科技方面的專家的研究，托兒所階段的電腦學習活動已經被視為一種

劃時代的學習工具。舉例來說，建達—樂高（Kinder-LOGO）就是
根據帕柏特的研究結果所發展出來的一套電腦軟體，讓學生去探索
字母、數字、顏色和形狀等等，而且在廣告宣傳上特別強調可以使
用這套軟體教導學生認識空間方面的知覺、歸納的能力、認識圖樣
的結構、了解事情的因果關係和解決問題的能力等等。同樣地，自
「芝麻街」（Sesame Street）於 1969 年開始播放一些字母和數字形
狀的節目以來，電視也被視為幼兒教育的一項工具。不過當我們自
己自我提醒時，我們了解年幼的孩子對於這個世界是怎麼想像的，
我們就會了解到透過科技來學習或許不見得是許多教師所想像的那
麼接近幼兒的發展合宜模式。

　　電視和電腦的螢幕並不是感官豐富的環境，所以不是年幼的小
孩所需要的學習環境，因為他們需要感官豐富的環境來練習他們多
種形式的腦部發展。歷史學兼教育教授道格拉斯・史龍（Douglas
Sloan, 1985）質疑電視和電腦在幼兒教育的運用：「那種扁平的、
兩度空間、視覺化和外部提供的印象，以及毫無生氣卻色彩鮮豔的
觀賞螢幕，對於年幼孩童自己內部能力的發展將會有什麼樣的影響
力呢？這樣的學習對於孩童的內部能力將會帶來什麼樣的生活，以
及那些活動的影像呢？」（p. 8）年幼的孩童需要和真實世界的各個
項目採用動手操作的互動模式來進行學習。而電視和電腦軟體除了
讓孩童操弄滑鼠、操縱桿或遙控的裝置之外，幾乎沒有提供任何和
真實世界的實際互動機會（Cuffaro, 1984）。

　　年幼的孩童需要和同儕與成年人之間進行安全無虞、有意義的
社交和情緒方面的經驗。雖然電腦方面的擁護者通常指出孩童在操

79

作電腦軟體時，還是可以和同學、老師互動，不過這樣的論點無法為電腦本身做任何辯證，只是說明圍繞在電腦周邊所發生的一些互動行為。因為使用電腦的環境都已經被高度結構化設計，當然就會被軟體設計師界定孩童可以操弄的範圍，所以或許可以說，電腦的運用最大的問題在於孩童無法玩弄（play）電腦（這個詞是用比較深層的感受來說明的）。教育家珍・希利（Jane Healy, 1999）有許多關於電腦和電視在幼兒教育的運用的著作，就注意到這項電腦和電視運用的結果：「老師因為許多幼兒仰賴老師教導他們象徵性的進行遊戲或假裝感到悲哀──原本只有心智或情緒方面失調的幼兒才有這樣的症狀。」（p. 64）在我自己的研究中，我曾經指出提升科技的使用與中斷遊戲的活動將會有一個後果──特別是對於孩童早年的學習，或許就是有愈來愈多的孩童被辨識成具有注意力缺失功能不全的症狀的主要原因（Armstrong, 2003b, 2005）。因為學業成就信念往下延伸的壓力，一路延伸到幼教老師的身上，要求他們要使用電腦來協助孩童獲得學業的技能，也因為電腦科技公司強烈地想要找尋高科技產品的嶄新市場所帶來的壓力，已經讓多數老師放棄他們對於高科技產品用在幼兒教育計畫上的批判（請參考 Alliance for Childhood, 2000）。

家庭作業、較長的學校上課時間、
縮短的午睡時間和更少的下課休息時間

　　一位兒童精神治療師同時也是我的太太，在幾年前告訴我她需要花兩小時和一個幼稚園年齡的孩子在晚上做家庭作業時，我簡

直不敢相信我所聽到的訊息。我的腦海立刻浮現一句話:「虐待孩童」。現在,我逐漸了解到在這整個國家,家庭作業已經是幼稚園孩子定期的功課了。舉例來說,在明尼蘇達州的一個學校學區,有一項對於幼稚園孩童的期望,就是期望他們回家之後練習字母的書寫和發音;練習學校學區閱讀系列中的一部分,也就是練習常用字和關聯字;他們需要完成「親愛的關聯字家庭」(Dear Family)的學習單和「主動練習」(請注意:學校學區並沒有做好功課,所以在它的網站上拼錯字了!譯註:原本這個字應該是拼成 practice,但是網站上面卻拼錯,變成了 practive,翻譯成主動練習,有點類似 actively practice 的味道)把字母結合成字(例如,把 c-a-t 混在一起變成 cat)。學業成就信念已經讓這類型的文字練習變成全國成千上萬的五歲學童都必須接受的學習項目了。

幸運地,還是有些學校學區反對這種學業要求,一所位於維吉尼亞州的學校學區在它的網站上宣稱:「一般來說,我們不認為家庭作業對於幼稚園的孩子是合宜的。這年齡的孩童透過遊戲進行學習,那就是我們認為他們在家裡應該做的事情」(Burbank Elementary School, n.d.;譯註:n.d. 就是出版日期不明)。

伴隨著家庭作業的要求,就是愈來愈多的民眾要求延長學生在校的學習時間。就像一位《紐約時報》的記者觀察到的現象:「因為多數學校學區發現傳統的幼稚園每天只有三小時的教學時間,無法完整的涵蓋標準化測驗一定會包含的數學、語文和自然科的課程單元,所以他們正提供每天七小時的幼稚園教學活動。」(Zernike, 2000, p. A1)自然而然的,幼稚園的經營就得有所取捨,通常就是

捨棄午睡時間、下課休息時間（recess）、自由遊戲時間，還有更悲慘的就是犧牲孩童自己。「在一整天的學校生活之後，」這位記者這麼報導著：「有些家長說他們的孩子在下午三點四十五分回到家裡，立刻換上他們的睡衣。有個孩子在回家的車上就睡著了，雖然他的住家和學校只有兩條街的距離。」（Zernike, 2000, p. A1）剝奪年幼孩子的遊戲經驗、幻想的想像空間，以及和周遭世界進行開放式的探索，這些都一一地加速、分裂及讓年幼孩童的可能發展帶來惡化的結果。

⚽ 最棒的幼兒教育計畫：發展合宜的教學實踐 81

雖然幼兒教育階段的機構看起來只是不斷地在年幼孩童身上增添學業方面的負擔，不過還是有一些優秀的幼兒教育計畫，說明在托兒所或幼稚園的時光，進行什麼樣教學才算得上是發展合宜的學習楷模。

發展合宜的托兒所和幼稚園

一個優秀的範例是位於加州的羅絲微爾地區（Roseville）的羅絲微爾社區托兒所（簡稱 RCP）。這所托兒所是在三十二年前，由當時的學生家長暨教師碧芙・菠絲（Bev Bos）所創立的，RCP 是一所非營利、由家長參與經營的社區學校，將遊戲當作經營的重點。學校的規定是這樣的：「跑、跳、挖、探索、講話、蓋房子、拆房子、傾倒、大聲喊叫、鋸木頭、敲打、塗油漆、騎木馬、想

像、歌唱、好奇的懷疑、測量、沈思、嬉戲、單獨一人、檢視、實驗、表達和作白日夢」（Bos & Chapman, 2005, p. xv）。在這所學校的教室外面有空間讓學生跑、玩沙堆、玩積木的桌面、蔬果園區、類似樹屋的平台和一個裝滿機械材料的房間──包含了一艘船的結構，有樓梯和平台、一個帆柱、一個輪子、一片風帆和繩索與滑輪等。在教室裡則有一個養魚的水缸、一堆乾草、一個貨櫃網狀的橋樑、貨車、試管、浴缸和溝渠（為了沙堆和戲水的目的而設置的）。各種實驗的中心也充塞整間教室，像是一個專門蒐集石頭、沙子、吸管、食用色素和水的地方，這些素材的結合可以讓孩子在教室裡探索、傾倒、捏塑和改變造型等。教室裡還有一間更衣室、一個藝術中心、一個僅容小孩進入的房間──裡面有迷你的床、一個火爐、一個冰箱、一張桌子、一些椅子、洋娃娃、書本和烹飪的器材等等。

就像是菠絲所說的：「在這個校園裡，沒有老師想要控制和指導學生的語調，只可能偶爾聽到老師鼓勵和分享一個構想時的交談、一些對話、一次聊天的經驗、一個描述出來的故事或一首歌曲。」（Bos & Chapman, 2005, p. 7）如果你在這個校園晃晃，你應該會看到孩子們忙著塗鴉、在沙堆挖沙石、假裝在水窪釣魚、用積木蓋房子、準備進行遊戲、播種種子、吊掛在樹上、盪鞦韆、玩躲貓貓的遊戲、探索周遭自然物、用黏土玩烹飪的家家酒遊戲、使用簡單的科學素材進行實驗、歌唱或單純享受他們在學校的生活。有一位參觀者說：「當我發現一所托兒所有室內和室外的空間時，感到相當驚訝，這和其他的托兒所就是那麼不一樣，以前如此，現在

82

如此，未來也還是會有所不同。為何這所學校與眾不同呢？它和其他托兒所不同是因為孩子們可以自由自在地埋首於和水、冰塊、沙石、油漆塗料、木頭和文字做澈底的遊戲。從老師支持孩子的態度可以看出孩子們有充裕的時間，可好奇地到處探索、摸索。我每次離開這所學校時，總是有一種感覺，那就是這是一所獨特的學校，是一個孩子可以在此茁壯成長的，並且引以為傲的優良範例。他們所發展出來的強烈自我感受，我深信，將會成為學生一輩子的核心價值。」（Bos & Chapman, 2005, p. 5）

瑞吉歐學校

（譯註：對於瑞吉歐學校經營方式有興趣的讀者，請直接參考國內光佑出版社的相關專書）

另一個說明幼兒教育可以如何地實踐在學齡前學童身上的傑出範例，就是瑞吉歐學校的經營。位於北義大利地區的瑞吉歐小鎮在第二次世界大戰之後的廢墟中，首次展開它在學校制度上的改革措施。1963 年，它成為小鎮上的第一家托兒所。托兒所的一項核心特色就是在課程發展上採用以孩童為中心的方式當作辦學的焦點。在瑞吉歐學校，老師從學生身上找尋線索當作展開課程的依據（他們稱這種方式為「萌發的課程」）。

例如，在一所學校裡，老師注意到五歲和六歲的孩童帶著他們的恐龍玩具到學校來，而孩子們的遊戲有時很自然地就變成恐龍的遊戲。老師們因此聚在一起討論可能萌發出來的課程，然後開始透過一小群學生深入恐龍的世界，並做進一步的調查研究。孩子們畫

恐龍、交談時也提到各種恐龍、分享他們從繪圖所得到的想法，也想到一些以前的遊戲經驗所浮現出來和恐龍有關聯的問題。稍後，老師問這群學生該怎麼做才能進一步找尋恐龍的相關訊息，然後根據他們的回答，前往當地的一間圖書館，並且把一些和恐龍有關的圖書借出來，放在他們的**工作室**（這是指「藝術家的工作室」），這個工作室就是他們所進行的方案的核心焦點。

這些書本帶來更多的問題，因此帶領孩子們邀請朋友和親戚來學校看他們的恐龍展覽，也透過這機會分享他們對於這個主題的認知（邀請函是由這個班級的恐龍小組絞盡腦汁寫出來的作品，邀請這些人到教室分享他們的喜悅）。在接下來的幾個星期當中，許多人到教室來分享他們的知識，包含一位孩子的爸爸、一位祖母，和當地一個自然相關學會的專家。孩子也在這些來賓拜訪之前，為了回覆這些來賓的可能問題而預先做了準備。

同一時間，有些孩子用黏土做出恐龍的造型、塗上顏色，且在黑板上畫出這些恐龍的圖案。由四個小孩所組成的小組想要用黏土製作一個大型的恐龍造型，他們開始討論應該要怎麼做才可以做出一個真正很龐大的恐龍。這帶領老師和學童討論該如何製作才能夠做出一隻龐大的恐龍。從這樣的聊天當中，決定他們要製作哪一類型的恐龍逐漸浮現它的重要性。經過更多的討論後，孩子們投票表決到底該製作哪一類的恐龍，最後，雷克斯特暴龍（Tyrannosaurus rex）以些微的比數勝過劍龍（Stegosaurus）（譯註：有興趣的讀者可以參考國內師大附幼早期出版的《開放的足跡》，幾乎和這裡所描述的情況一模一樣）。在自動自發地分成更小的小組之後，孩子

83

們創造了三度空間的恐龍模型。然後，他們的好奇心讓他們想要看到一隻恐龍的真實大小，所以他們在校園裡繪製了一個兩度空間的圖案來代表梁龍（Diplodocus；譯註：古生物的一種恐龍）的真實大小，總共有 27 公尺長。這種自由嬉戲的過程，配合老師對於孩子們的想法、渴望，以及孩子們在遊戲時所製作出來的作品的尊重和關注，創造了一個充滿信任、興奮和發現的學習環境。瑞吉歐學校讓孩子們的自由嬉戲變成了其他學校可以衍生的核心事件（請參考 Edwards, Gandini, & Foreman, 1998）。

想像與創造性的學習

幼兒教育階段適宜發展的教學實踐的第三個範例來自於華德福的教育模式（Steiner, 1995, 2000）。八十多年前由奧地利的哲學家兼教育家魯道夫‧史戴納所創立，華德福學校強調藝術發展、跨族群的方式來豐富學習情境，還深深關注孩子們的想像和創意的空間。當一個人走入以華德福理念經營的幼稚園，就像走入一個神話故事的仙境（Armstrong, 1988）。教室的情境就像是一本故事書，牆壁就像是用了桃紅色和天藍色的彩色筆蜿蜒塗上的一樣；天花板則是自然的穹形，而不是直線或垂直的；至於在家具、地毯和遊戲的設備方面，全部採用自然的素材製作而成；還有一個特色，那就是教室裡面充滿活生生的植物和其他的生物。

雖然許多華德福學校都是私人經營的私立學校，不過有愈來愈多的公立特許學校採用華德福的方式經營運作學校。約翰‧摩斯‧華德福學校位於加州地區的沙佳緬多這個都會的聯合學校學區的一

84

部分，幼稚園的學生在遊戲時創造幻想的世界，他們創作的素材則來自於樹幹的殘枝敗葉、色彩鮮豔的圍巾，而孩子們辦家家酒時製作小矮人、凶猛的恐龍和英勇的武士模樣的玩具。老師以甜美的聲音唱出學生的姓名來召開會議（「納一珊」），然後帶領學生做一些簡單的肢體動作，讓學生透過想像，在那當下成為巨人、妖精和地底下的精靈等等。就像在羅絲微爾社區托兒所和瑞吉歐學校一樣，孩子們之間的簡單遊戲被視為教室裡可能發生的最重要活動。華德福幼稚園使用簡單的積木、未完成的木頭玩具和自然界的纖維品當作華麗的禮服，採用大自然的素材來製作洋娃娃，這樣一來，孩子的想像力就可以填滿剩餘的空間。在幼稚園階段並沒有教導正式的閱讀；一年級的孩子開始學習認識字母。

　　如同一位採用華德福教育理念的老師所說：「有些證據顯示在六或七歲之前學習閱讀的孩子會喪失他們早期的優勢，因為喪失了閱讀方面的興趣，最後會因此而受到焦慮的困擾。這並不意外，任何人都想得到，如果沒有想像力把閱讀和學習的內容活化起來，那將會是多麼愚蠢呆板的事情。相對的，在我的經驗裡，在幼稚園階段最擅長遊戲、想像力也最活躍的孩子，一旦進入國小階段，就會是國小學童中最有想像力也最喜歡閱讀的孩子。他們也是最能在情緒方面做好調適的人，不管是在孩提時代或青少年，乃至於成人階段都還擅長於調適情緒。」（Almon, 2004, para. 35）

　　上述所提到的這些學習活動只是幼兒教育階段適宜發展的教學實踐中的三個範例。世界各地還有許多其他的優秀範例。雖然我們

85

並沒有一套言簡意賅的規則，來決定一個幼兒教育機構所提供的活動究竟是否為適宜發展的教學實踐（這種規則可能和人類發展信念的基本理念彼此對立），我們倒是有一套常見的規準可以用來將學習活動置放在連續的範圍內——從比較接近適宜發展的教學實踐到不適宜發展的教學實踐的另一端。某種程度上比較偏向適宜發展的幼兒教育計畫，就是會尊重自發性的遊戲、多感官和動手操作的學習、自然的環境（例如，乾草堆、菜園或果園、植物、藝術和動物等），以及以孩童為中心的學習方式。相反的，某種程度來說，一個幼兒教育機構的教學計畫比較偏向不適宜發展主要是沒有包含上面的元素，相對的，它會強調閱讀、寫作、數學和其他學業科目的正規學習，像是電腦和電視之類的高科技工具的使用；給學生指定家庭作業使用和執行標準化測驗；上學時間較長，同時減少午睡的時間和其他自由時間，以及以老師為中心的學習方式。一些像「準備度」、「早期介入」、「學業型的幼稚園」和「有目的的遊戲」的字眼的出現，通常代表一個幼兒教育機構的教學計畫已經從人類發展信念的這端，邁向一個比較偏向學業成就信念的那個端點的警訊（請參考表 3.1，這張表上有適宜發展和不適宜發展的教學實踐的相關範例）。

　　很自然地，許多（如果不是絕大多數）幼兒教育機構都結合了這兩個信念的某些觀點。不過，在學業成就信念主宰教育界時，許多幼兒教育的計畫正偏向正規、科技和學業的方式。這一切發生在一個早就已經受到過度的壓力和超越想像的零散課程主宰的社會，將是一場壯烈犧牲的悲劇。

86

表 3.1 幼兒教育階段適宜或不適宜發展的教學實踐

不適宜發展的教學實踐	適宜發展的教學實踐
人工的教室環境	開放式的遊戲
漫長的上學時間	短暫的上學時間
刪除午睡或休息時間	安排午睡時間
正式學業技能的教學 （例如，閱讀、寫作、數學和自然）	所有時間都在進行非正規的學習
家庭作業	家長參與學校的運作
要求學生長時間乖乖地坐好	多數時間都在走動和學習
標準化測驗	詳細記錄孩童的遊戲經驗和從他們內在和外在世界所揭露出來的事情
教師本位的教學活動	孩童為中心的學習企畫
電腦、電視和網際網路	沒有高科技的工具，而提供一些多感官的經驗
將課堂安排成許多短暫的單元	許多非結構化的遊戲時間
將上學時間區分為許多「課程」時間	高頻率出現靈光一現、自發性和有趣的事件
為孩子們創造教學的目標	尊重幼年孩子的誠實、完整和智慧
在同一時間內要求每一位學生參與相同的活動	讓孩子們選擇他們自己的活動

⚽ 進階閱讀

1. 參觀在你所居住地區附近的一所採用人類發展信念為焦點的幼兒教育機構，另外參觀一所以學業成就信念為發展主軸的幼兒教育機構。你對在這兩所教育機構有哪些觀察和反省呢？在這兩個教育機構中，你看到哪些優點和缺點呢？把你所參觀的幼

87

兒教育機構做個記錄整理，然後和一群做過類似參觀活動的同事分享你的洞見。

2. 回想你自己的孩提時代遊戲經驗。當你在回想時，記錄任何回憶、感受和想法。如果這些遊戲對於你後來的生活有影響，那是怎樣的影響呢？

3. 觀察孩童在自由自在的情況下的遊戲。他們如何將圍繞在自己身旁的文化融入遊戲呢？他們如何使用想像力呢？注意觀察孩童在遊戲時所發生的社會互動類型。你認為孩子們在遊戲時可以學到哪些項目呢？

4. 在網際網路上搜尋遊戲在幼兒階段的重要性。使用底下這些關鍵字：「遊戲、重要性」、「遊戲、正向的衝擊」、「遊戲、正向的影響力」、「遊戲、創造力」和「遊戲、認知技能」。也請一些同事在網際網路上做類似搜尋。在你們搜尋之後，找個時間聚集在一起，分享討論你們的發現可以加以發揮的可能性。

5. 閱讀一些關於瑞吉歐學校、華德福學校和適宜發展的托兒所和幼稚園（注意：你可以從這本書的參考文獻找尋這一章相關的引述文獻）。邀請一位以上的同事進行類似的閱讀經驗（他們可以閱讀相同的文獻，或是同一個主題的不同書本）。如果可能，在你所服務的學校附近找尋這類型的學校，並且拜訪一所以上的學校。然後分享你的反省和觀察。

6. 捫心自問，你們當地的公立學校學區的幼兒教育機構比較偏人類發展的觀點，或是以學業成就信念為焦點？這樣的情境會包

含哪些因素在內呢？如果你們這一帶的幼兒教育機構比較偏向
學業成就方面，該怎麼做才能夠把這樣的情況轉變成比較偏向
適宜發展的實踐工作呢？

CHAPTER ④
國民小學：學習認識這個世界如何運作

現在，我想要的就是，知識。只要教導這些男孩和女孩知識就夠了，其他的都不用。知識本身是生命唯一需求的。你也不必種植其他東西，有了知識以後，其他的東西就會跟著長出來。你只有透過知識的教導才能夠形成具有推理能力的大腦：沒有其他任何事情可以給他們提供任何服務的。這是我培育自己小孩的原則，而且這也是我培育這些孩童的原則。所以，先生，請你堅持一定要教導孩子們知識！

——查理斯·狄更斯

《艱難時世》(*Hard Times*) 中的葛雷葛蘭先生

隨著學業成就信念愈來愈占有優勢，我們這個國家也就變得愈來愈偏好葛雷葛蘭先生所提到的那種主宰式的教育觀。我們又回到

了查理斯‧狄更斯所寫的《艱難時世》的時代；也就是說，將國內
89　許多教室轉形成為知識和技能的工廠——讓人聯想到工業革命那
種不斷冒汗的生產工廠，而不是將這些教室轉型為令人興奮、不斷
冒出精彩點子的地方。標準化的運動已經讓我們的學生肩負起許多
重擔，需要精熟學習許多知識，如果無法做到這樣的程度，學生和
他們就學的學校就需要面臨處罰和制裁。這個文化素養的運動創造
了核心知識的學校，其提供許多零散的知識片段。直接教學模式提
供老師嚴謹的文本，強迫每一位老師必須逐字遵循，才能夠教導孩
童精熟閱讀、寫作和數學方面的能力。教育研究人員使用他們檢驗
知識的統計工具來誘導知識本位的學習，認為這樣的學習才是最有
科學根據、最嚴謹的教學模式。

　　這些系統和學習計畫所認為的最棒的教室裡，孩子必須在標準
化測驗獲得高分。他們刻苦的學習必須精熟的知識。不過這樣的
做法有一個負面的效果。誠如教育家米卡拉‧魯巴卡瓦（Micaela
Rubalcava）（2004）所指出的現象：

> 這些孩子看起來面臨嚴重的升學壓力。他們的膝蓋因為緊張
> 而抽搐，看起來就像是輕輕地搖晃似的，他們經常盯著牆上
> 的時鐘看。他們是一群九到十歲的孩童，緊緊地握著鉛筆和
> 紙張，安靜的像小老鼠一樣地作答，表現出來的樣子就像是
> 別人要求他們選修代數預選課程和學習文章的結構似的。當
> 他們從教室離開，有機會去享受下課休息時間、午餐和體育
> 課的時候，就像是上了發條的玩具一樣。我問了兩位小男

孩，他們有多喜歡他們的學校。他們說學校還可以接受。他們提到他們在各科所得到的分數，以及在加速讀者的課堂上（Accelerated Reader）所獲得的分數。他們提到他們作了多少功課。他們開玩笑地提到因為行為不檢點，所以拿到黃色警告單（譯註：美國學生在課堂上表現不好時，就會被老師用不同的方式處罰）。不過，多數時候，他們不想談話，因為他們需要盡情地奔跑、扭動和翻滾。來自同一間教室的一位女孩告訴我，她對於現在的老師沒什麼好抱怨的，不過她喜歡的是上一年教導她的老師。「為何妳那麼喜歡她呢？」我這麼問著。「因為 X 老師有許多從埃及的神廟帶回來的老鼠骨頭和木乃伊化的雞，還有兩條蛇、三隻烏龜和一個懶人椅（bean-bag chairs；譯註：這是國外專門稱為懶人椅的家具，有點像是我們小時候使用的沙包，體積比較大，大到可以讓人整個身體陷進去，舒服地躺著，所以稱為懶人椅）。我們在她的課堂上會解剖蚯蚓，也會孵化鱒魚。我們記錄鱒魚孵化的過程，整個過程耗費好多時間，不過我們都認真地記錄，然後在學校結業式的倒數第二天，我們在附近一條河川放生這些飼養的鱒魚。在釋放鱒魚那天，我整個人都濕透了」她吃吃地笑著說。（para. 6-11）

使用學業成就信念的教師通常強調學習成就間隙的存在已經嚴重侵襲我國的校園。然而，我們確有一個更重要的教育間隙是我們需要去主動連結的。那就是在「學校生活」和「真實世界」之間的

間隙。孩童,特別是那些還在小學階段的小孩,有一個核心的發展焦點,即需要去發現這個世界到底是如何運作的。

誠如我們將在這一章所看得到的,介於七歲到十一或十二歲的孩子們有個獨特的發展需求,那就是學習認識這個世界的運作模式,就是在他們的生命中的主要推動力量。如果他們在學校的世界包含了老鼠的骨頭、木乃伊化的雞、蛇和烏龜,那麼他們將會把他們的好奇心轉移到這些東西上面。如果他們的世界是每一天要花費六或七小時,每個星期五天,圍繞著測驗、知識、技能、教科書、習作和學習單,以及商業化的套裝學習配件,那麼他們將會把發展慾望轉移到精熟**那個**特定的世界。教育家約翰‧霍特(John Holt, 1995;譯註:國內由張老師出版社新近出版了這位教育家的幾本書,包含《孩子為何失敗》、《孩子如何學習》等,都是值得關心教育的夥伴仔細品味的好書)在描述學校的學生如何做這些事情時,寫得特別動人。他條列了孩子們在傳統的教室使用一些策略來做這些事情,包含了「咕嚕策略」(mumble strategy):

> 咕嚕策略在語文教室特別有效。在我教導的法語課堂中,學生曾經這樣應付我的教學要求,而我對於他們的這些策略卻毫無知覺。對過度講究音調且對於自己的教學引以為傲的老師,這策略特別有效。要讓這樣的老師回答自己的問題真是一件非常稀鬆平常的事。只要做出一些含糊咕嚕的、混淆的和令人厭惡的非法語式的回答,這樣的老師就會肩膀一抖,接著就以很優雅的法文說出正確的答案。學生只需要在他說

出正確答案之後跟著唸一遍就夠了，然後他就會脫離最危險
的邊緣了。（Holt, 1995, p. 23）

學童學會看老師的表情，還會下賭注看看老師會不會糾正他們
的行為，他們也會抄襲同學的作業，在考試時也會偷看同學的考試
卷──可以讓他們在這種高度壓力、低度興奮的世界求生存的**任
何事情**，他們都會放手去作。

你必須欣賞孩子們在這個體制內運作的能力。然而，這樣的成
就是虛構出來的最佳悲劇，因為孩童正在揮霍他們珍貴無比的精力
在一些和郵票一樣微小、知識本位的教室內的學習，而被剝奪了和
龐大的、令人興奮的、驚訝的真實世界的接觸機會，偏偏那樣的真
實世界就在學校外面等待學生發現。作為一位成人的學習者，你只
需要想像你在某些真實生活的情境來看看有哪樣的悲劇會在這樣的
師生互動下展開。當你在享受一項嗜好、在工作機構認真工作，或
正在度假時，突然被某些無形的教育力量給侵襲了，強迫你乖乖地
坐在一間小小的房間裡的小小課桌椅上，用吼叫的聲音，對著你唸
出你應該擁有的嗜好、工作或旅行。當然，這顯然是很不合理甚至
荒唐的情境。既然如此，為何一個孩童就應該有不同的待遇呢？

在這一章的其餘部分，我將檢視那些存在於「學校生活」相對
於「真實世界」之間的差距，並且說明在這樣的差距之間搭建橋樑
為何對國小年紀的學童顯得特別重要。我將先從國小年紀的孩童的
一般性發展需求展開我的論點，然後把重點集中在說明為何**學習認
識這個世界的運作**方式對於生命中這個階段特別重要。接著，我將

91

更進一步地檢視國小正在使用的一些最不適宜的教學實踐工作，其將孩童帶離真實的世界。最後，我會回頭來檢視一些最棒的教學實踐工作，其承認孩子有需要去探索那個圍繞在他們身旁的不可思議的世界（請參考表 4.1，就可以看到這個年齡階段適宜和不適宜發展的教學實踐的清單）。

⚽ 國小學童的發展需求

當孩童到達六或七歲的年齡時，他們會將孩提時代的神奇世界拋諸腦後。這階段的孩童不再以相貌上的觀點、伴隨的感覺、逼真的印象，或崇拜精靈的方式來認識這個世界。從六到十三歲這段期間，他們的大腦快速地成長，連結了那些專門管理語文和理解空間關係的區塊（Thompson et al., 2000）。他們也不再自由開放地將他

表 4.1　國小教育階段一些不適宜發展與適宜發展的教學實踐

不適宜發展的教學實踐	適宜發展的教學實踐
人工化的教室環境	開放教室，與真實的世界做接觸 （字面上的意義和比喻的形容）
過度強調閱讀、寫作和數學的教學	閱讀、寫作和數學連結真實世界的發現
教科書、習作和學習手冊	真實的學習素材通常是真實世界的一部分 （網際網路、文學作品、美術用品、科學器材和歷史方面的仿製品等等）
書寫的教學計畫	在老師的引導下，學生探索真實的世界
知識本位的學習活動	依據學生與真實世界的相遇進行教學活動，誘導出創想、洞見、意外發現、反思、觀察，以及其他

們內在和外部的經驗混在一起。相對的，他們建構主觀的內在自我，以及一個客觀的外部世界。

皮亞傑注意到七歲的孩童正進入具體運思的思考階段。他們能夠用想像的方式逆向操作，舉例來說，3 和 4 加在一起就得到 7，所以如果從 7 個當中拿走 3 個，就會得到 4 個。他們同時也了解質量守恆的概念，也就是看到兩個相同大小的黏土 —— 一個捲成圓滾的細長條狀、一個弄成球狀，他們會知道這兩陀黏土是同樣重的。他們可以根據東西不同的特質加以歸類 —— 細細薄薄的、紅色的、圓圓的、濕濕的，並且將這些東西的特質以正向和反向的方式來排序（例如：區分不同長度的繩索）（相關範例請參考 Flavell, 1963）。他們可以退回他們的白日夢，然後將這些白日夢的內容顯現在外在世界的真象裡。這些新發現的能力讓孩童在閱讀、聆聽老師講課或參與其他的學習活動時，可以精熟數學概念、解釋文字，以及在他們的大腦裡思考。

在這個年齡，孩童可以退回他們自己的大腦內部，不過他們同時也傾向於大步走進外面的社會。在六或七歲之前，孩子們生活在一個比較小的社交世界，圍繞著他們的人們大多數是家長，或照顧他們生活起居的托兒照顧者，以及少許重要的同儕、親戚或老師。在五到七歲當中的某一段時間，孩子們在一個比較大、比較複雜的社交網絡裡，以他們自己的方式，逐漸變成喜歡與更多人交往的小孩。不同的文化甚至會有不同的儀式來標識孩子進入這個更寬廣的世界。在緬甸這個國家，年幼的男孩在新埔（Shinbyu）的儀式上，要重新演出悉達多王子（譯註：佛教始祖釋迦牟尼的本名）轉

92

93

變成佛祖的歷程。另一方面，在土耳其，男孩子剛要進入小學之前需要進行割除包皮的割禮，這是一個他們可以領悟儀式的重要性的關鍵時刻。耶穌會教士有一句話是這麼說的：「給我一個孩子，等到他七歲時，我就會讓你看見一個男人。」在世界各地的多數沒有文明的文化中，孩子在五到七歲之間需要肩負起社會責任：他們開始照顧年幼的弟妹，幫忙找尋狩獵的動物，種植種子和收割穀物，並且參與家庭的活動，像是紡織、編織、烹調和縫紉等。在現代的社會裡，介於五到七歲的孩童正邁向社交的世界，他們身旁不再是家長和少數幾位重要的他人，還有許多朋友、朋友的兄弟姊妹和家長、學校裡的同學、童子軍的領導者、教練、球隊的隊友、媒體的英雄，和許多其他重要的人們。

　　完全的參與這個社交世界是這個階段的孩子最重要的一部分。這年齡的孩子很有興趣想要了解社交行為的規矩到底是什麼。因為他們能夠逆向思考，所以他們能夠參與在一種相互的關係和社交的儀式中。舉例來說，當他們在玩遊戲的時候，他們可以花費非常多的時間爭論遊戲的規則，以及怎樣的規則才公平（也就是說，那些行為必須是每一位參與遊戲的人都需要遵守的），這樣的投入就像是他們投入遊戲本身所帶來的樂趣一樣。就和朋友的關係而言，他們參與的是一種公平互惠的歷程（「我將會用我的午餐和你交換兩顆泡泡糖」），或是當遊戲的過程被某些人破壞時，會堅持他們的主張（「你打我，卻沒有說一聲抱歉，所以我不要當你的朋友了」）。所以我們可以這麼說，國小年齡的孩子的生活比較接近成人世界所認知和社交的面向，而比較不像早期年幼的發展階段。

⚽ 發展的焦點：學習認識這個世界如何運作

94

　　因為這個年齡的孩子正在進入積極參與忙碌的社交世界的情境，也因為他們現在終於可以用一種成人的方式來思考，所以他們渴望想要了解這個世界到底是怎樣運作的。這樣的轉變就好像是他們在說：「這個龐大且美麗的新世界到底是怎麼運作的呢？這世界還有哪些不同的人？這世界有哪些規矩需要遵守呢？還有我自己，我是怎麼來的？以後我會變成什麼呢？我的心臟怎麼運作的呢？當我爬上山的時候，為何呼吸會變得比較急促呢？我要怎麼做才能在這個世界獲得成就呢？我可以跑多快呢？我又可以跳多高呢？在我身邊的這些已經是景觀的一部分的東西又是什麼呢？他們是怎麼運作的呢？時鐘又是如何運作的呢？為何車輛會動起來呢？為何天空會是藍色的呢？為何漂白水會讓衣物變得白晰亮麗呢？又是什麼東西造成閃電打雷的呢？」

　　孩提時代早期一些到處亂飄、令人無法理解的事情，那些讓孩子無法精熟或者就是單純超越年幼孩子的知覺範圍的事情，現在變成孩子們可以建構、領悟甚至可以操控的新世界的一部分了。「我的腳踏車是怎麼運作的（這樣我才能夠把它修好）？我們到底是怎麼知道未來的天氣會有怎樣的變化的呢（這樣我就可以為多變的天氣做好準備）？我可以怎樣使用地圖（這樣我就可以自己找到乾淨的登山步道）？」孩子們對於這些事情都有一種迫切和興奮的感受。人類發展專家艾瑞克‧艾瑞克森稱這種感受為「勤奮、刻苦」（industry）——想要發現、發明、創造和探索的動力。這樣的動力

就好比是孩子正在說：「這個世界是一個不可思議的地方——有許多其他的國家，還有許多人使用不同的語文，且他們依循不同的規矩度過每天的生活。還有音樂可以聆聽、可以閱讀的書本、可以玩的運動、可以探索的大自然，以及其他各式各樣有趣的事情，這些事情都超級棒的！」

我喜歡稱呼這個年齡的孩子為「出神的實用主義者」（ecstatic pragmatists）。從外面的世界攜帶一些有趣的東西到教室——一個化石、一個非洲來的面具、一個機械式的玩具、一個外觀不太尋常的樂器、一條蛇或蜥蜴（或其他任何活生生的動物），然後觀看這些孩子將會如何驚訝地注視這些東西，然後彼此開始嘗試操弄這個新奇的事物，渴望盡情地對這個新到來的事物有所了解，並且透過對這些新事物的了解進一步邁入他們快速擴張的學習環境。孩童將會從這些新奇的事物得到不同的發現，發現事物的種類和孩子們從這些發現而對於這個世界有所啟示的重要性，絕不可低估。

這個年齡的許多孩童有過明朗化的學習經驗——可用一種驚奇、興奮或魅力的感受掌握他們投入的經驗，這樣的經驗還會跟隨他們一輩子（Walters & Gardner, 1986）。無菌手術的發明者喬瑟夫・李斯德（Joseph Lister）十歲時，當他的爸爸翻閱他在學校的學習單元活動時，喬瑟夫盯著一扇窗戶上的玻璃，凝視著上面的一個泡泡。他觀察到玻璃上的泡泡會把外面的東西放大，也就是從那時候開始，他沈迷於光學的學習，最後發明了消除色差的鏡片（Illingsworth & Illingsworth, 1969）。著名的製片家英格曼・博曼（Ingmar Bergman, 1988）在提到他對電影的喜好時，追溯至他

95

的孩提時代：「那是我生平第一次去電影院看電影，觀賞一部關於一匹馬的電影。我想那部影片應該是『黑神駒』（*Black Beauty*），是根據一本著名的書所翻拍而成的電影。這部影片是在史特立電影院播放的，我們坐在前面的座位上。對我來說，那才是我對於電影產生興趣的起源吧！當下的我被一陣狂熱侵襲，這樣的狂熱從此就沒有離開過我。」（p. 14）著名的珍古德在孩提時代閱讀過有關泰山和杜利德醫生（Dr. Doolittle；一位去非洲服務，並且和動物講話的醫生）的書後，就展開到非洲旅行的夢想（Goodall & Berman, 2000）。

　　孩子一旦到了六或七歲這階段，合宜的做法就是教導他們認識一些符號的系統，像是閱讀、寫作和數學，因為這些是孩子們渴望學會認識這個世界的重要觀點。在閱讀書本上一頁潦草書寫的文字時，孩子們嘗試學習去解釋這些文字的意義，這時候的孩子可以用想像的方式（因為他們現在擁有主觀的心智）到外太空、中國、白宮、恐龍的時代及成千上萬的其他地方去旅行。在學會數字的系統之後，他們可以學習金錢的系統是如何運作的，也可以學習如何為他們想要購買的東西省一點經費。他們同樣可以學習其他的符號系統：藝術製作、踢足球、閱讀樂譜、找尋橫跨一座山頭的路徑、了解從其他文化來的人們到底在講些什麼話。這個年紀同樣也是適合教導孩童認識高科技工具的時候，因為科技提供新的窗戶讓孩子們可以看到寬廣的世界。電視和光碟讓孩子們在不必真實旅行到其他地區的情況下，可以看到其他國家的生活、參與想像的故事和探險，以及學習新的技能，像是如何編織毛線、製作書桌或烹調。網

96

最夯的學校

際網路讓我們可以用更輕鬆、更快速的方式去接觸這個世界各種事物的任何訊息。電腦軟體則讓孩童可以創造他們自己的符號世界，練習這個世界上重視的技能，學習認識金錢、岩石、歷史和成千上萬的其他事物。任何學習的方式只要能夠協助國小階段的孩子對這個世界有更多的認識，就有合情合理的地位可以當作教育的策略。

⚽ 國小階段一些不適宜發展的教學實踐工作

　　不幸的，學業成就信念導致了愈來愈多教室採用一些教學實踐，明顯地窄化學生觀察世界的視窗，讓學生必須從比較狹隘的鏡片去窺看和學習外面寬廣的世界。在某些個案裡，這些教學實踐實際上壓抑了學生對於這個世界的興奮，或者甚至會說服學生，讓他們誤以為自己根本就不夠格當個知識的探索者。艾瑞克‧艾瑞克森以「低劣等級」來說明如果國小學童應該從事的學習被壓抑時，將會發生的事情（1993）。他們停止懷疑事情的總總，喪失建構對於周遭世界的新知識的熱忱，也不再將他們自己視為正向的學習者。這一節將會詳細描述一些惡名昭彰的教學方法，也就是那些嚴重破壞孩童渴望學習和精熟他生活周遭的世界的教學方法。

過度強調閱讀、寫作和數學的教學

　　就像上面所提到的一樣，閱讀、寫作和數學的教學是國小學童開始走進更寬廣的社交世界的重要部分。這些都是強而有力的符號系統，讓孩子們可以用一種新的方式對這個世界真心誠意地投入

97

心力。問題並不在於到底我們該不該在國小教導他們這些符號系統——他們當然應該學習認識這些符號系統，而是說我們的學生還在國小階段時，應該教導他們到哪一種程度，在學生每一天的生活占多大的比例。《華盛頓郵報》（*Washington Post*）（Perlstein, 2004）報導指出：「近年來——特別是自從我們國家在 2001 年通過『把每個孩子帶上來』的法規之後——許多學校強力將閱讀、寫作和數學的教學當作學校經營的重點，並且從外面帶入一個接一個的計畫，期望在這些計畫當中找尋可以協助那些掙扎中的孩子的方法。」（p. A1）不幸的，這樣的趨勢導致學校裡的其他學科被推擠到一邊去。舉例來說，在馬里蘭的惠頓地區有一所叫高地國小的學校，二年級和三年級原先安排的自然科和社會科的教學時間已經被寫作所取代了。對全校七百七十位學生來說，每天閱讀的時間已經擴充為一個半小時。波爾斯坦注意到，有些原本就已經在閱讀上有些問題的學生可能需要把他們在學校的一半時間用來做閱讀課程的學習。

迦納（Gardner）所提出來的多元智慧理論（1993）批評學校辦學過度集中在語文智慧和邏輯數學智慧方面的教學和學習，卻因此而犧牲了其他六項智慧的學習和教學（音樂智慧、空間智慧、人際智慧、內省智慧、肢體動覺智慧和自然觀察者智慧；譯註：對於多元智慧有興趣的讀者，可以閱讀阿姆斯壯早期出版的《經營多元智慧的教室》，這是一本關於多元智慧的入門好書）。舉例來說，擁有漫畫家、配音員、音樂家、生態學者、小提琴家、木工和舞者天分的孩童在學校的時間，就很少有機會（如果他們真的有任何機

會的話）可以展示和發展能力——那些可以讓他們在生活中獲得成就和自我滿足的關鍵能力（Armstrong, 1998）。

　　過度強調閱讀、寫作和數學的教學還有一個額外的問題，那就是這樣的傾向將會大幅改變這些學科的教學模式。在不久之前，當孩子們學習閱讀和寫作時，是藉由與書本和口說文字大量互動產生學習，而這些互動透過得獎的兒童文學作品、自創的拼字、重要的口語刺激和在孩子閱讀和寫作他們感興趣的領域過程中教導特定的發音、句子的句法和語義學的技能（Goodman, 2005）。到了今天，在強調我們需要透過標準化測驗的方式來測量學生在閱讀和寫作方面的進展情況時，新的閱讀計畫已經在全國的許多教室建立他們的灘頭堡了，這些計畫將閱讀的技能和那種為了學習認識更寬廣的世界所做的閱讀的真實歷程漸行漸遠。

　　新墨西哥州立大學的教授李查‧麥爾（Richard J. Meyer，2002）這麼描述一所小學轉型的過程：

　　　　凱倫所任教的班級是一個讓她可以在教學中獲得愉悅感受的場所，這是因為她的學校學區信任她在教學和學習方面所做的決策。每天的讀者和作者的工作坊提供證據說明她班級的孩童所了解的知識和技能，且凱倫使用一些評量方式，像是錯誤的提示之類的分析方式，來協助她接下來應該教導哪些知識和技能。每一件寫作的作品——在她的班級的學生有許多這類的作品，像是日誌、故事和其他的文學作品——都指出凱倫的學生正在逐漸了解她所教導的知識和技能，以及凱

98

倫針對她班級學生的需求所設計的策略性單元還有哪些地方
是需要補強的。（para. 1）

　　然而，不幸的是從社區傳來一些不同的怒吼，指控二年級階段
的學童在閱讀方面的成績相當不理想，所以學校學區很快地採用並
要求每一位老師都需要教導一套系統化、直接教學的模式，來進行
語文科的教學（譯註：這裡提到的新的語文科教學乃強調正確發音
的教學模式，與凱倫原先採用的比較偏向全語文的模式，幾乎是美
國境內語文科兩個派別之間的爭論）。麥爾這麼寫著（2002）：

　　很快地，教室裡的每一件事情都改變了，就只為了要回應學
　　校學區在語文科方面的這項要求，所以凱倫需要花費許多時
　　間來準備新的語文科的教學模式。凱倫這麼說：「我的學生
　　需要聆聽一些故事。他們需要投入真實的文學……雖然現在
　　的我總有一種感覺，好像我必須要和時間競賽一樣。」她接
　　著指出，因為新的語文科的學習是一種精確導向的學習，讓
　　她的學生比較不願意去探索一些寫作和閱讀的嘗試。因為那
　　樣，加上比較少的時間可以用在寫作的學習方面，讓凱倫懷
　　疑新的語文科教學模式會有哪些可能性因為強制要求而遺漏
　　了：對於她的教學、學生的學習，以及年輕的讀者和作者勇
　　於表達他們自己本身、想法、期望、夢想和想像力，都可能
　　因為這項新的語文科教學而全都消逝了。

很明顯地,在這樣的環境下,學生能夠學習認識他們周遭世界的機會將會大幅減少。相對的,他們所要學習的項目就是一些研究者、課程發展者,和閱讀相關活動的出版者希望他們學習的內涵罷了。

99 文章段落的教學計畫

上面所提到的那種強調正確發音的閱讀計畫有一項關鍵的特色,就是在教導每一個單元計畫時,需要由老師逐字閱讀「文章的段落」。愈來愈多老師使用固定不變的文章段落教學,大部分是因為直接教學法(Direct Instruction, DI)對於美國教育的影響所造成的。雖然「直接教學」這個名詞曾經被用來形容許多不同的教學方式,不過 DI 這樣的直接教學方式原先是由前廣告公司總裁西格佛萊德・英格曼(Sigfried Engelmann)所發展出來的。他在 1960 年代創造了 DISTAR 的教學計畫(Direct Instruction System for Teaching Arithmetic and Reading,教導算數和閱讀的直接教學系統),這是詹森總統當年對抗貧窮的戰爭當中的一部分(Engelmann, 1981)。直接教學法近年來廣受歡迎的主要原因是它是改善學生在標準化測驗分數的最佳學習計畫之一(American Institutes for Research, 2005)。

直接教學法基本上根基於 1950 年代的行為學派所提出來的觀點(Skinner, 2002),其將教學的焦點集中在每一次小幅度的學習進展,來精熟一些閱讀的技能。為了說明直接教學法的文章段落方

式是如何運作的，底下是一個三部分文章段落的範例，說明它是怎麼協助學生應該如何大聲唸出「坐」這個字：

1. 〔指著「坐」（sat）〕當你大聲且快速地唸出這個字，你要觸碰到這些聲音（觸碰到坐的 s）。你要發的第一個聲音是怎樣呢？"sss"（接著觸碰到坐的 a）下一個聲音是哪樣的聲音呢？"aaa"（觸碰到坐的 t）接下來你要發什麼音呢？"t"

2. 觸碰喉嚨部分。深呼吸，然後當你在觸碰它們的情況下，唸出這個聲音。準備開始〔孩子們分別觸碰 s、a、t 底下，然後說出「坐坐」（sssaaat）〕的發音（重複發音一直到確認發音的正確性）。

3. 快速的唸出來。「坐」。是的，哪個字？「坐」你唸出「坐」這個字。唸得很棒。（Engelmann, Haddox, & Bruner, 1983, p. 53）

　　事實上，全國各地使用這個教學計畫的每一位老師都應該遵循相同的文章段落來教導學生，這意味著在這樣的教學情況下，有一個內建的標準引領這樣的學習進入一個教育相關的統計研究。它那種和測驗很相像的氛圍（頻繁的評量是直接教學法的一部分）意味著它基本上在為學生面對考試時做好準備，也同時證明它的教學法合情合理。

100

　　不過，使用我們的發展標準條件來分析（「這樣的方式在協助孩子們學習認識圍繞他們的世界有多大的幫助呢？」）直接教學法和文章段落的教學計畫就大幅落後，無法達成目標。「一隻受過訓練的猴子可以做到這樣的計畫要求」沙加冕多教育學會的主席珍妮絲・歐德（Janice Auld）在提到她的學校學區根據文章段落的教學計畫所推動的一項閱讀教學活動時這麼說。她本人是一位資深的老師，她發現採用課程的過程是一種「羞辱與貶低自己的」歷程（Colt, 2005, para. 5）。這樣的教學單元和真實的生活完全脫節。取代了在閱讀一本關於美洲拓荒者、太陽系或如何做麵包的情境下學習「坐」的這個字，學生必須在無趣的單元教學計畫學習認識這個字。他們被迫學習的情況到底是怎樣的一個機器人世界呢？

知識本位的學習

　　學業成就信念特別強調可以透過標準化測驗評量得知的知識。因此，強調在既定的範圍內，可以被測量出來的資訊區塊的學習活動也就變成今日這種學業成就信念氛圍最支持的學習活動了。這項運動的最前衛言論就屬於赫胥（E. D. Hirsch Jr.；1988, 1999）的觀點了，他所建立的教學王國以一種強勢的姿態灌輸知識和資訊給學校的學童。他的核心知識系統的學習——21世紀的葛雷葛蘭系統，包含了高度結構化、系列化的課程單元，要求學生不斷地練習、記憶，甚至在老師的命令要求下，進行實驗、繪圖和歌唱。

　　乍看之下，這樣的系統是那麼的完美無缺，適合國小學童的需求。畢竟，如果這個年紀的關鍵發展需求就是學習這個世界是如何

運作的，那麼核心知識系統看起來就會比其他任何學習活動更適合
新的法規的要求。這樣的學習模式是學生從各個學科領域，像是音
樂、美術、詩詞和科學、數學和地理學方面，旋風式地經歷這個世
界的許多知識根基。學生學習認識他們的牙齒、細胞的分裂、回教
的藝術和 1960 年代的民權運動等等。

　　然而，以這樣的方式帶領學生發現這個世界的運作模式有許多
問題存在。首先，它欠缺與**真實**世界的真實相遇。相對的，我們給
予學生的「知識模組」（knowledge modules）是預先收縮過濾和包
裝過的知識。二年級的學生在學校學習的是用一袋一袋的小蟲去進
行調查研究（總共有十六項技能是他們需要學會的）。五年級的學
生在老師丟一個用紙做的「雪球」給他們的時候，學習認識蘇聯
的雪（George & Hagemeister, 2002, p. 3）。八年級的學生則在老師
的教誨下完整地做筆記，記錄「詩歌可以帶給你的四件事情」（娛
樂、真相、協助和參與）（Terryn, 2002, p. 2）。教科書的單元都是
結構化的安排，所以那些來自於學生和真實世界的真實相遇所產生
的自發性、靈光乍現的突發奇想和驚嘆的想法都消逝無蹤，取而代
之的就是一些合乎情理的複製品了。學生並沒有想要找出認識這個
世界的一些知識和技能，至少不像是他們想要透過一系列單元學習
活動來貫徹這個世界的豐富、深度和錯綜複雜的人們的投入情況。
他們坐在他們的座位上，然後讓別人用一個一個小包裝的方式將世
界塞給他們，而不是帶領他們走出教室去接觸外面的世界，並使用
他們的想像力、他們的好奇心和他們滿腦子的問號去主動探索這個
世界。

教科書和習作與學習單

採用類似的方式，使用商業化的教科書、習作和學習單，及任何一個主題的學習系統，包含歷史、社會科、科學和健康，都傳遞一個訊息給孩子們，讓他們誤以為真實的世界有點像是被一本光鮮的書本緊緊地界定了範圍，其是學生不可以在上面書寫他們的生活的，而且包含了許多毫無關聯的圖像、圖表和表格。它同時也傳遞一個強烈的訊息給學生，那就是和這個世界互動的最佳方式就是完成教科書所附贈的學習單和習作，也就是完成這些作業裡的填充題；圈選是非題；或是在選擇題圈選四個答案當中的一個；或是從一個欄位的某處畫一個箭頭，連結到另一個欄位的某處，就代表學生和世界有真實的互動。就像是學校的改革派專家黛博拉·麥爾（Deborah Meier, 1999-2000）這麼說：

102　　　在一個以教科書為傳遞知識的主要工具的國家，少數幾個主要的教科書出版商，根據少數幾個主要州政府所頒訂的教科書法規，主宰了教育這個領域，提供多數老師、學校和學生非常標準化的文字說明哪些知識和技能是學生必須要學會的，以及在哪個時間、使用哪種方式來傳遞這樣的知識。此外，多數教科書總會在他們每一個章節的後面配備一些該章節的測驗，把教科書的設計演變得愈來愈像是真實的東西一樣；實際上，測驗卷出版商也是許多主要標準化測驗的出版商。（para. 50）

教科書很少會借鑒於真實的世界，而是將真實世界壓縮成好幾百頁沒有色彩的枯燥無趣的文字。畢竟，教科書並不是由人類所寫的書本。他們是由渴望避免爭論的委員會所寫的書本。教育歷史學者黛安·拉微琪（Diane Ravitch, 2003c；另外相關資料請參考Ravitch, 2003a）比較教科書和包含有兒童文學經典作品之相同厚度的書本，像是托爾金（J. R. R. Tolkien）所寫的《魔戒》（*Lord of the Rings*）三部曲和《哈利波特》系列書籍（這些都是孩子們迷戀的書本）之後，這麼寫著：

相較於由托爾金和羅琳所講的扣人心弦故事，我們的歷史教科書粗略地瀏覽了事件的表象，忽略了一個基本的事實，那就是歷史基本上就是故事。歷史教科書擅長提到非常多的歷史事件、人物和構想，並且將他們壓縮為短短幾頁的簡短摘要。歷史和傳記的精彩內容為了不可避免地要在一個單一的冊子裡涵蓋每一個教學單元而被犧牲了。善與惡之間的衝突也因此被排除在外，取而代之的是粗糙無趣、細瑣的片段文字說明。同樣地，我們的閱讀和文學書本也達到了平庸、陳腐的地步。裝訂這些教科書內容的人很仔細地清除了有爭論性的主題，任何事情，只要會讓壓力團體（從右派到左派）覺得不開心的事情，都會被排除在教科書以外。他們編排教科書的目的不是要誘發學生的想像空間，而是要增強他們的自尊心。人口族群方面的正確性——從社會每一個可能的部

分摘錄正確的作者和角色的比例——已經遠遠比文學作品是否傑出優秀來得重要多了。(para. 7-8)

整體來說，一個無趣、樣貌固定不變的商業化課程，搭配標準化測驗的結合，對於階段的孩童創造了一個主要的危險事件，因為在這樣的一個體制裡，他們被剝奪了他們這個年齡最擅長做的事情：教導他們學習認識這個世界的有意義的學習經驗。

103

🌑 最棒的國小：
發展適宜的教學實踐的相關範例

相較於我剛討論過的一些不適宜發展的教學實踐工作，在國小教育階段，有許多創意的方式可以帶領孩童學習真實世界是如何運作的。這些優秀的教學實踐在學校校園人工化的世界和校園以外那些豐富的文化和大自然的刺激之間做有效連結。這些學習的方式和計畫共同點就是採用教育哲學觀點，將學生視為主動建構關於真實世界的真實知識和技能的參與者。這些活動在他們擁抱以學生為學習中心的方式進行學習的概念上，就是人類發展信念的具體化實現，尊重一個完整孩童的發展，將學習的最高經驗看成是人類和真實世界進行有意義而且真實的互動關係，而不是達成某些測驗上的高分。

微型社會

　　教導孩子了解這個世界是如何運作的獨特方式，就是在一所學校裡面重新建構一個世界。這是以微型社會為學習方式的核心前提，這是在 1967 年布魯克林地區的初任教師喬治·里查曼（George Richmond）發現他的學校那些五年級的學生對於傳統的學校課程欠缺學習的興致，所以被學校視為「邊緣學生」時，所創造出來的構想（Richmond, 1997）。第一所微型社會學校在 1981 年創立於麻州地區的羅威爾。目前在全美各地有超過二百五十所學校採用這種模式辦學。在微型社會的學習活動裡，學生在早上學習傳統的學科知識和技能，下午則運用他們的知識在校園內建構一個迷你社會。微型學校有他們自己的銀行和經濟體制（學生在下午的課程所做的工作是支薪的，他們也可以使用那些「金錢」購買東西）、政府的系統（學生如果破壞他們制訂的法規和規範就會被宣判，並受到適當的制裁）、自己的商業區（學生創造和經營他們自己的商業），以及他們自己的藝術和文化機構等等。

　　每一所學校的微型社會都不一樣，都是根據校園裡的學生族群的獨特需求和興趣來形塑他們的世界。在德州地區的一所學校裡，年幼的學生使用現金「租用」年長的學生為他們做導讀的活動。在佛羅里達州的一所學校，學生製作並且行銷一套體操光碟。在羅威爾的這所學校，一位學生在聖誕節的拍賣會場開出許多支票都跳票了，所以就被學生法庭扣除所有的薪資，並且被宣判需要進行社區服務的工作（Wilgoren, 2001）。在密西根州的泰勒地區有一所叫

104

麥爾的國小，稱呼他們自己的微型社會為「麥爾維爾」。在麥爾維爾的校園裡，包含了許多事物；例如，專門販售二手商品的專賣店；還有一個人口普查和統計辦公室，可以進行意見調查與製作學校裡重要的資訊；有一間溫室可以栽培和繁殖植物的種子和各種植物；還有一間博物館，是學生可以教導其他學生認識當地社區的博物館；以及一個交通法庭，這是學生在校園「過度衝撞」時會收到交通罰單的地方（也就是說學生在校園的走廊衝撞就會受到處罰）（Higgins, 2005）。

社區本位的教育

學童可以學習認識這個世界如何運作的另一個方式，就是讓學童和他們的當地社區直接接觸。或許這個方式最著名的範例就是狐火實驗（Foxfire Experiment）。1966 年，艾略特‧威京頓（Eliot Wigginton）與他的學生在喬治亞東北角的拉班蓋普—諾可奇學校訪問附近社區的耆老，嘗試去找出這些耆老對於阿帕拉契文化共同享有的一些技能、傳統習俗、經驗和歷史。他們的專題計畫創造了一個叫作《狐火》的期刊的創刊號（這個名稱的定名是根據那些在枯木逐漸腐爛的過程中，寄生在上面的發光地衣所放出來的藍綠色的光），接著就是一本書的出版、一部電影的製作、一個博物館的成立和一個基金會的創立，目前仍在運作當中，在這個國家的許多角落推動這種校園學習的方式（Wigginton, 1973）。舉例來說，在狐火學校——紐約州的永坷這個地方的一所小學——就學的學生

105

探索附近的哈德遜河，以及這條河川和學校教導的數學與自然科學之間的關聯性。學校安排學生在戶外教學的時間和藝術家、作家及當地的其他專業人士在他們經營的商店或藝術作品前一起工作。北加州的拖勒那斯小學是一所座落在蘇山沼澤地區角落的小學，這個沼澤曾經是美洲原住民的村落所在地區，所以這所學校的學生學習沼澤的生態系統、探索如何當個鐵匠（在附近有一個鐵匠的工廠），並且學習當地的歷史。他們的校長伊娃‧拉瑪表示：

> 當我到索蘭諾郡的時候，最先想到的是：「這裡會有怎樣的歷史發展呢？」不過一旦你開始挖掘這樣的問題，你就需要和當地的歷史學者討論，你就會找到些故事。接著，你就會找尋古老的步道。去了解當地的地理環境……在這塊土地上有多少採石場？從那些採石場所挖掘出來的石頭被送到哪些地方去了呢？這地方又有哪些紀念碑或哪些地質方面的特色呢？開始學習（你所在地的）歷史吧！那是一件令人著迷且神魂顛倒的事情。（Ball, 2003, p. 3）

蒙特梭利學校

雖然瑪麗亞‧蒙特梭利的教育哲學最常和學齡前的教育扯上關係，不過她也為年紀稍大一點的學生打好教育哲學方面的基礎（相關範例請參考 Montessori, 1984）。在國民小學的階段，蒙

特梭利的方式將辦學的焦點集中在協助學童學習認識這個世界是如何運作的。他們透過望遠鏡、放大鏡和小蟲「重新定位裝置」（relocators）來探索大自然的魅力。他們透過調查其他文化的建築物、音樂、國旗和風俗習慣來學習認識其他的文化。他們使用動手做的素材來學習代數、幾何、物理、化學、生物和其他學科領域的概念，這些素材通常在其他多數學校要等到學生進入高中才會有這樣的學習。他們認識這個世界上偉大的音樂作曲家和藝術家、調查日本傳統的折紙手工藝品和日本的書法、完成地理的拼圖（譯註：美國教育界經常指責美國學生的地理「常識」嚴重不夠，所以透過不同模式來讓地理科的學習變得有聲有色），以及使用自我修正的實際操作的素材（self-correcting manipulative materials）來學習各式各樣的項目，從哺乳類動物的學習，到神聖的宗教聖地，到外太空和真菌的學習。不過和核心知識的課程不一樣的地方在於後者的教學是由老師在趕進度的強大壓力下，完全主宰課程單元的學習，但是在蒙特梭利學校的學生每一天有好幾個小時的時間，是在沒有老師控制或脅迫的情況下探索和調查這個世界。學生可以選擇他們想要學習的活動，而且可以不必理會時間，盡情認識這個世界所需要獲得的技術和知識。「我們不使用教科書，」在米爾瓦基公立學校學區的克雷格‧蒙特梭利學校的校長菲力普多斯曼這麼說：「我們花很多時間準備學生在學校的學習環境，所以學生就會學習做最佳的選擇來度過他們在學校的時間。」（Carr, 2003, para. 15）目前，在全美各地估計有二百五十所公立學校採用蒙特梭利的方式經營學校。

106

學校與兒童博物館之間的夥伴關係

兒童博物館讓學生沈浸在興奮和高度互動的環境，透過與真實素材的直接接觸，並且在受過專業訓練的專家指導下，協助他們進行發現之旅，全心全意地投入參與學習認識其他的文化、生態、科學、機械和許多其他的學科。世界上第一個兒童博物館在 1899 年創立於紐約布魯克林地區。不過兒童博物館變成許多都會城市的景觀，則是在 1960 年代和 1970 年代才真正萌發這樣的形態。

今日單就美國境內就有三百多間兒童博物館。愈來愈多的情況是，這些博物館和公立學校形成策略聯盟，這樣學校的課程可以直接和博物館的展覽連結在一起。舉例來說，明尼蘇達州的兒童博物館所推動的編織資源計畫，根據博物館的展覽和相關的計畫，提供那些在聖保羅地區學校就讀的幼稚園到國小二年級的每一位學生一系列具有深度的教育經驗。一年級的學生使用博物館的發現昆蟲套裝配件，用六個星期的時間來研究昆蟲，然後到博物館的螞蟻丘展覽進行一趟戶外教學之旅。二年級的學生學習的重點在於社會科，使用博物館的「一個世界」陳列館當作他們探索的焦點（Association of Children's Museums, 2003）。位於奧瑞崗州波特蘭地區的蛋白石學校是波特蘭公立學校當中的一所特許學校，同時也是波特蘭兒童博物館的一項學習計畫。在蛋白石的學生小組或個人與博物館結盟提出專題計畫，帶領他們去探究昆蟲、書寫和表演一套電影劇本、在公開的場所閱讀獨創的詩歌，並且設計一個氣象台。「沒有任何人在博物館會得到不及格的成績」創立舊金山兒童探索館（Exploratorium）的法蘭克·奧本海默（Frank Oppenheimer）這

107

麼說。他所創立的博物館也和當地的公立學校以策略聯盟的方式推動許多學習的企畫（引述自 Brandt, 1993, p. 6）。

哈佛的心理學家迦納博士曾經是倡導學校妥善使用兒童博物館於學生學習模式的領導者：

當我提到兒童博物館的時候，我的意思是指孩童不必一整個星期四十小時都安靜地、乖乖地坐在教室裡，在那樣的情境下，學校不允許他們和任何人講話，只能夠單純地聆聽老師的講述，或閱讀他們的教科書，以及填寫學習單。在兒童博物館，孩子們有機會和令他們深感興趣的事物做第一類的接觸，以他們自己的步調，用他們自己的方式，或者使用我的專業詞彙——使用他們的強勢智慧來進行這些接觸。如果他們在學校學會某些概念，他們就可以在博物館所展示的那些令他們深感興趣的事物上進行一些嘗試。如果博物館提出一些他們無法回答的問題，他們可以將問題帶回學校，或去問家長，或是去圖書館或其他地方找資料。有些孩子可以在學校裡安靜地坐在那裡，不過你卻無法確認他們是否有任何學習，不過你只需要將他們放進兒童博物館（或兒童探索館或科學博物館）一兩天的時間，你將會認識那些孩子，也了解他們是如何學習的，及他們認為哪些學習是重要的，還有他們是如何去解決問題的過程——當我發現這點時，我深深地相信兒童博物館的魅力。（1994）

　　在兒童博物館裡，孩子們透過直接的探索、開放式的探究活動和動手操作的專題計畫來學習認識這個世界是如何運作的。

　　在這個國家還有成千上萬的其他國小想盡辦法讓學生和真實世界進行真實的互動。這些方式包含底下的這些項目：

108

- **專題導向的學習**。學生聚焦在一個特定的主題，並且發展出展示學習成效的展覽、報告，或可以說明他們學習成效的作品（舉例來說，一項探索社區水質污染的科學展覽）（相關範例請參考 Blumenfeld et al., 1991）。

- **主題統整的教學**。師生選擇一項主題（像季節、創新發明、我們的社區，或生態方面的覺醒），並且共同創造一整套課程（包含學習活動、專題和相關資源）來針對這樣的主題進行深度的探索（相關範例請參考 Kovalik, 1993）。

- **跨學科領域的學習**。不同學科領域的老師以團隊的方式，圍繞一個核心的焦點，一起發展共同的課程（例如，「生命週期」可以使用歷史的週期、一隻蝴蝶的生命週期、其他文化在人類的生命週期如何為各項重要的事件進行儀式，以及在文學作品當中以人類的生命週期為主的主題；譯註：國內對於統整課程和跨領域的學習通常混在一起討論。不過基本上這兩者主要的差別在於他們的教育哲學觀點完全不同，所以衍生出來的課程就完全不同）（相關的範例請參考 Jones, Rasmussen, & Moffitt, 1997）。

- **多元智能的課程**。學生選修許多課程，讓他們可以將他們的強勢智慧投入在真實世界的事業上（例如，建築、景觀、音樂作

曲填詞、瑜珈、蒐集岩石或出版等）（如需相關範例，請參考
Armstrong, 2000b）。

● **模擬的教室學習。**一整間教室轉化為一艘太空船、一個中古世紀
的城堡、一個雨林或真實世界的某些其他觀點；在這樣的情境
下，學生專心投入老師設計來教導自然科學、歷史、生態學和那
個生動的情境的其他學科領域（Taylor & Walford, 1972）。

109　　　　即使像是傳統學校的某些活動，像戶外教學日、生涯規劃和參
觀動物相關的飼養場的活動，都可以讓學生暫時離開教室，或將真
實世界的一些觀點帶入學校的教室裡。當然，每一所國小將會找出
一些連結學校和真實生活那種「真實差異」的不同方式。不過，這
項努力嘗試的核心主要是要拋棄一些不適宜發展的教學實踐（教科
書、習作、考卷和練習等等），並且找尋方式以一種有意義的方式
讓學生──渴望和真實世界進行雙向的互動──滿足他們的發展
需求。

⚽ 進階閱讀

1. 參觀一所使用學業成就信念的教學實踐的國小──使用直接
教學法、核心的知識、教科書或高頻率的使用測驗來督促學
生學習的國小。然後參觀一所使用適宜發展的教學實踐的國
小──使用微型社會模式進行學習、與博物館簽訂夥伴關係
學校、運用多元智慧在教學上面或社區本位的教育模式的國

小。比較你參觀兩所學校的經驗和感受。你在這兩所學校分別注意到什麼樣的情緒氛圍呢？在這兩所學校分別觀察到學生對於學習是否有真實的興奮感受呢？你分別感受到這兩所學校學生對於學校想要教導他們的項目是否有高度的學習意願呢？請和參訪過類似或相同學校的同事分享你的觀察心得。

2. 回想你在小學階段的一些個人經驗。回想一些熱情擁抱人類發展信念的觀點並運用在教學方面的老師，以及一些專心一意追求學業成就信念的老師，試著比較這兩類型的老師。你比較喜歡哪一類型的老師呢？哪些老師看來好像教會你比較多的項目呢？在人類發展和學業成就兩種信念方面，你覺得現代文化下的教育氛圍和你還是國小學童的時代，有怎樣的改變呢？

3. 觀察國小學童參與一些正規和非正式的學習經驗（不管是在校園內或校園外）。他們看起來是不是對於學習認識這個世界的運作抱持興趣學習呢？如果是，這個世界的哪些觀點或事物是他們看起來最有興趣學習的呢？在你觀察他們的當下，他們所處的環境到底是支持或反對他們對於這個世界的好奇心呢？

4. 針對本章所描述的適宜發展的教學實踐工作，找出更多相關的資料（使用網際網路、閱讀、參訪學校或專業發展的工作坊等等）。如果合適的話，嘗試在你現在的學校推動這個教學實踐的某些觀點。記錄你推動這些觀點的歷程，包含學生剛開始的反應、他們參與這種學習的品質（情緒方面、認知方面和創造力方面），並且在推動這項教學實踐一段時間之後，請學生針對這項教學實踐進行評估。

110

CHAPTER ⑤
國中：社交、情緒和
後設認知的成長

1963 年 7 月，威廉・亞歷山大這位喬志・皮柏迪教育學院
（George Peabody College）院長在前往康乃爾大學發表有關分享初
中教育運動的成功經驗演講的路上，飛機在紐約市的拉爪迪亞機場
延後起飛。因為等待時間很長，又沒有其他事情可做，所以他檢視
了即將在康乃爾發表的演講稿，並且決定重寫這篇演講稿。從他
原先規劃演講的內容——針對初中的經營、觀念相當傳統的演說
稿——到用好幾小時的時間寫了一篇新的演講稿，宣稱在美國需
要針對年輕的青少年進行一項實質性的教育改革。他批評初中的模
式只是高中的「小型」縮影，他建議新的改革需要考慮青少年發
展前期的特殊發展需求。他認為美國國內需要有一個獨特的教育
機構來滿足那些需求：一個介於小學和高中之間的中介或「中」
學。亞歷山大在康乃爾的演說最終開啟了美國境內國中教育的運動
（Alexander, 1995）。國中——專門設計給介於十一歲到十五歲的

學生就讀的學校——的數量從 1970 年的 2,080 所增加到 1998 年的 10,944 所，到了 2001 至 2002 年間，甚至幾乎到達 12,000 所國中 (National Association of Elementary School Principals, 2004; Zepeda & Mayers, 2002)。

1960 年代逐漸浮現的國中教育運動代表人類發展信念發展史上一個重要的里程碑。這項運動承認年輕的青少年不是年紀比較大的國小學生，也不是年紀比較小的高中學生，學生在經歷人生的這個階段時有戲劇性的變化，在教育方面需要完全不同的獨特方式來為這些年輕的朋友提供教育機會。國中老師了解青春期的生理事件基本上已經終止了小學時代那種相當平順的發展，而且對年輕夥伴在認知、社交和情緒方面的生活有深遠的影響力。與這項重要的洞見一致，他們也看到在青春期前期所進行的教育需要提供一些特殊的教學、課程和行政方面的變革。在諸多變革當中有需要在國中師生之間建立一套輔導詢問的關係、創造小型的學習社群（譯註：類似《第五項修練》所提到的學習社群的建立，只是學習社群的建立須將國中師生之間的輔導諮詢關係與國中生處於青春期前期的特徵加以考量），以及推動一套有彈性的跨領域課程，即一套鼓勵主動和個別化學習的跨領域課程。

不幸的是，在過去這些年來，學業成就信念的興起威脅要剷除這些改革的成果。近來有一份蘭德企業（Rand Corporation；譯註：美國境內一個相當著名的教育關注團體，例行性的進行一些教育方面的研究計畫）的報告在提到許多教育現象（包含差勁的標準化測驗結果）時，挑戰了我們這個國家需要為國中階段學生設置國

中教育的原則，這份報告指出：「研究指出考慮青春期的開始而需要一段學校教育的嶄新階段，這是不夠格的說帖。」（Juvonen, Le, Kaganoff, Augustine, & Constant, 2004, pp. 18-19）湯姆斯‧佛德翰機構（Thomas B. Fordham Institute）的報告《國中生的暴力行為》（*Mayhem in the Middle*）對於國中具有嚴厲的評論，定義「國中教育主義」為「教育中間年齡孩童的一種方式（通常介於五年級到八年級的學生），在 20 世紀後半期廣受歡迎，也導致美國的青少年學子在學業成就方面大幅度滑落」（Yeche, 2005, p. i）。許多大型的學校學區，包含那些在辛辛那提、克里夫蘭、明尼阿波里、費城、曼菲斯和巴爾的摩的大型學校學區，現在正在重新將他們的國中轉型為一套幼稚園到八年級的形式（Wallis, Miranda, & Rubiner, 2005）。

113

　　「把每個孩子帶上來」（NCLB）這項法規的制訂確實是近年來許多學校學區紛紛拋棄國中教育哲學的部分原因。「NCLB 的重大議程並沒有考慮國中階段的獨特需求，」加州地區的卡爾斯貝德地區一所叫阿維阿拉歐克國中（Aviara Oaks Middle School）的校長史蒂芬‧凡‧冉德（Steven van Zandt）這麼說：「NCLB 根本就完全沒有提到國中階段學生任何種類的發展需求。」（Association of California School Administrators, 2003）NCLB 基本上對於**每一個**教育的階層都沒有考慮他們的獨特發展需求。在完全忽視不同孩童和青少年階段的發展變化下，它要求從幼稚園到高三的學生在接受學校教育時，都要一致地獲得很高的測驗成績（譯註：一位學生用的比喻是「罐頭製作工廠」，她甚至認為師資培育機構也是罐頭製作

工廠;另一位學生用的比喻是「成衣一樣的一體適用」,所以是學生的身體發育不對,需要修正,有點類似古人說的切掉腳趾頭來適應鞋子的尺寸)。

這是一項基本上的錯誤。國中或一些類似的學校是非常必要的措施,提供學生在青春期前期的一個協助他們面對青春期對智力、社交和情緒生活上的衝擊的環境。老師需要了解年輕的青少年的發展需求,特別是他們在腦神經、社交、情緒和後設認知的成長需求。這些發展的需求被不適宜的教學實踐,像零散的課程、大型、沒有人性的學校,以及欠缺生命力的單元活動所忽略或腐蝕。在最夯的學校中所使用的教學實踐會尊重青少年學子的獨特發展需求,包含提供安全無虞的學校環境、學生開創的學習、學生在決策上的角色和強烈的成人角色楷模等等(請參考表 5.1,有一份更完整的清單)。

114

⚽ 早期青少年階段的發展需求

很明顯的一件事是雖然正在經歷青春期的小孩(女孩平均十歲半,男孩平均十一歲半到十二歲)想要在我們這個錯綜複雜的現代社會養男育女還需漫長的時間,不過,如果只是單純考慮自然界賦予他們的身體狀況,他們已經隨時可以生育下一代的生命了。現在會被教育界夥伴忽略的青少年早期階段一項最重要的觀點就是人類經歷了千萬年的演化,好不容易已經確認青少年朋友的生殖系統已經發展就緒,隨時待命以便讓人類這個物種可以持續複製下一代。

表 5.1　在國中或初中的一些適宜或不適宜發展的教育實踐

不適宜發展的教育實踐	適宜發展的教育實踐
不安全的學校氛圍	安全無虞的學校氛圍
大型、沒有人性的學校	小型的學習社群
與沒有人性的成年人互動	個別化的成年人互動關係
零散的課程	投入的學習
負面的角色楷模或沒有角色楷模	正向的角色楷模
後設認知策略只限於數學和閱讀兩個領域	後設認知完整的統整到每一個學科領域
沒有顯著的藝術課程	對每位學生都提供表現藝術
沒有意義的身心靈的健康活動	聚焦於身心靈的健康
情緒方面平淡無味的學習經驗	情緒上有意義的課程
老師和行政人員控制的學習環境	決策過程中學生扮演積極的角色
不願意聆聽或尊重學生的聲音	嘉許和尊重學生的觀點
完全聚焦在學業方面的學習，所以忽略了學生在社交和情緒方面的發展	協助學生在社交和情緒方面的成長

如果單純就大自然所賦予人類的資產來看，這個階段是一個單一的有機體或物種的整個生命當中最重要的發展。所以當我們討論青少年朋友——他們的情緒擺盪著、他們瞬間的爆發力、他們的叛逆性、他們是那麼容易被激怒，以及他們在其他方面的困擾——這個主題時，我們必須隨時銘記在心的一件事情，就是在青春期階段所發生的那些荷爾蒙的、腦神經的和身體的改變，是因為他們的身體、情緒和心智就生物學的觀點來看，都準備好讓他們面對這個不可思議、錯綜複雜、巧妙精緻、在演化方面最重要的使命。這樣的理解和心態上的改變並不會讓我們當老師的工作更輕鬆，不過至少它為我們設定了一個情境，讓我們開始去理解青少年早期的發展，

115

以及如何創造一個教育的環境，讓我們可以使用最適當的方式來協助他們產出一些創意十足的構想、正向的專題計畫，而能積極有效地貢獻這個他們即將扮演愈來愈重要角色的社會，而**不是**導致一些小孩生小孩、侵略行為或悲情的心態。

在討論這些事情後，現在我們可以回到這項改變的本身。青春期會發生是因為有一個被諷刺的稱為親吻一號（KiSS-1）的基因，觸發下視丘（hypothalamus）分泌一種叫下視丘分泌促性腺釋放激素（gonadotropin releasing hormone, GRH）的物質，緊接著，這個激素又去刺激腦下垂體（pituitary gland）釋放出兩種發布激素（gonadotropin）：黃體化激素（luteinizing hormone）與人類濾泡促素（follicle-stimulating hormone）。這些物質再去觸發男性荷爾蒙，像中睪丸酮（testosterone）的生產，這項荷爾蒙會促使男性性徵的出現，並且開始精子的生產，以及女性性荷爾蒙（或稱為雌激素，estrogens）的分泌，促使女生在這階段發展出女性的性徵，並且開始女性的生理期。與大眾的信念相反的一件事情，就是青春期的情緒亂流並不是因為荷爾蒙對身體的直接影響。相對的，是因為這些荷爾蒙影響大腦的發展所造成的（Sisk & Foster, 2004）。舉例來說，在青春期因為中睪丸素的湧現，讓杏仁核（amygdala；譯註：大腦下方的小腦組織）變得腫大，這是邊緣系統（limbic system，情緒大腦）一個杏仁形狀的部分，控制害怕和生氣感受（Giedd et al., 1996）。同樣的，雌激素看來會影響青春期的血清素的標準，這說明了年輕的少女有比較高的憂鬱比例（Born, Shea, & Steiner, 2002）。在兩性身上的性腺荷爾蒙（gonadal hormones）

可能至少可以說明在青春期前期，在額葉（frontal lobes）、頂葉
（parietal lobes）和顳葉（temporal lobes）的灰質（gray matter）湧
現出大量的大腦新皮質區（neocortex），在這之後就是下降的趨勢
（Giedd et al., 1999）。到目前為止，科學家還在爭論在這個青春期
前期的抑制現象與皮亞傑所提到的形式運思期的思考的開啟之間，
是否有任何關聯，因為皮亞傑所提倡的形式運思期也在這年齡開始
發揮功能（Flavell, 1963）。

116

　　整體來說，雖然青春期前期所呈現的腦神經圖像包含了一個仍
在持續發展的**邊緣**系統或情緒大腦，不過這與相對還沒有發展得很
完整的前額葉皮質區（prefrontal cortex）同時存在。這個前額葉皮
質區大腦控制執行命令的功能，像是抑制衝動、進行反省和規劃
（Giedd, 2004）。換句話說，年輕的青少年的大腦有一個油門踩到
底的設備，卻還沒有任何煞車的裝置。

　　統整這些概念來分析，年輕的青少年朋友在教育方面最大的需
求，並不是獲得提高的測驗分數，而是學習如何將那些不斷湧現的
情緒衝動導引到具有生產力的管道，以及學習如何將找尋異性伴侶
的渴望轉型為正向的社交關係，學習如何將他們剛發展出來的後設
認知能力動員起來，去進行一些日常生活的反省，以及調整正在
他們身體和心智上不斷發生的轉型。艾瑞克森將青少年看成是形
成認同的時間。洋娃娃、蒐集郵票和師長的讚美已經不再像國小
階段一樣是可以用來炫耀他們的成就了。相對的，在神經縮氨酸
（neuropeptides）波濤洶湧的湧現當中，青少年夥伴正在奮力掙扎
想要找尋出他們到底是誰。根據艾瑞克森的說法，他們這麼做，基

本上就是將他們暫時性的自我認同抽離那些和他們有重要關係的人們——小圈子的夥伴、幫派、小派系、男女朋友、英雄和壞人，然後看看哪些角色會留在他們身上。因此，青少年是處於強烈的社交時期，當他們渴望找尋歸屬感、社群、社會階層和情緒的親密關係，都提供青少年朋友可以發覺身分認同的情境。如果無法做到這一點，他們就會陷入艾瑞克森所稱的「**角色混淆**」（role diffusion）的危險情境，或是發展出一個負面的自我認同，像是「吸毒成癮」、「結黨營私」、「放蕩的女人」、「吸食毒品的人」、「毒品販賣者」，或整體來說就是一個「澈底的輸家」。

幾千年來，世界各地的文化已經熟知青春期的危險和可能的承諾，也為這個階段的年輕人安排了許多特殊的教育介入模式。他們發展許多過關的儀式當作在青春期可以動員這個強烈變革的方式，讓這些改變變成青少年可以提供服務為他們即將邁入的社會做點貢獻，而不是以一種混亂的形式呈現出來（請參考 Eliade, 1994; van Gennep, 1961）。以我們現代的標準來說，過關的儀式絕對不是虛晃一下即可。他們當中有許多儀式是相當粗魯的，對於那些無法從嚴厲的生存挑戰走出來的人還可能有致命的危險性。男孩可能會被丟在一個廢棄的地方，然後要挨餓許多天，或是投入一些考驗耐力的武藝。女孩可能在一個小木屋與世隔絕好多個星期，接著被丟到海裡，然後被要求要從大海游回岸邊來。雖然這些儀式非常的稀奇古怪（對於我們現代社會來說），不過我們還是不得不以一種欣賞的心態來欣賞這些文化找尋出方式，讓他們可以將部落的男孩和女孩轉型為成熟的男人和女人的機智。

117

現代生活的悲劇有一項就是我們並沒有發展完整的過關儀式，讓我們可以將青少年從孩提時光帶入成年的階段。因此，許多青少年試著創造他們自己的過關儀式，像是透過毒品的實驗、在高速公路上飆車而獲得刺激感、冒險的性行為、幫派份子的暴力行為、喝酒鬧事，或其他危險的活動，可惜的是，那種行為無法將他們從孩提時代無憂無慮的情境中融入成年人社區的一份子。雖然我們不能夠期望學校一肩扛起協助青少年轉型為成年人的所有責任的重要角色，不過他們*絕對有必要*在設計教育實踐時統整這些考慮事項。學校需要直接面對青春期的真相，並且創造各種學習的方式，包含青少年在社交、情緒和後設認知的向度，這樣的作為可以讓這些自我的觀點用來讓青少年的發展逐漸邁入完整的成熟度，進一步開花結果。

⚽ 國中階段不合宜的教學實踐

全國各地的學校學區在最近幾年紛紛放棄國中經營的最大問題，就是整個國中教育的哲學觀因為不適當的國中教育實驗規劃——一個根本就不可能有功能的實驗計畫，而被全然的排擠了。當我們看到這些經營不良的國中時，一眼就可以看穿他們的問題所在，主要因為他們在一開始就沒有反應優秀的國中教育所應該具備的任何特質，才會罪有應得的失敗了。這些學校通常都是大型的、過度擁擠、不夠安全、沒有人性的場所，只因為他們服務的學生對象是那些介於國小和高中的學生族群就叫國中（譯註：看到作者提

118

到美國的國中都是大型的、過度擁擠的學校，就讓譯者滿臉通紅。和美國的國中相比，國內的國中應該使用龐大的國中才足以形容那種學生擁擠的現象吧！譯者曾和澳洲的研究人員合作，研究探討高中生的價值觀，澳洲朋友建議高中的學生人數不要超過五百人；那時候，譯者還天真地問對方是一個年級五百人嗎？得到的回覆是整個學校學生人數不超過五百人。國內的教育投資還陷在早年經濟貧困的時代，還是大規模培訓，在資訊時代，這種學校經營的理念應該很快會被其他國家超越，國家的競爭力當然會相對退縮）。

　　同樣短視的就是認為把七年級和八年級的學生放回國小，就可以解決青春期前期的所有問題的想法。這種做法所可能帶來的危險是因為青少年將會被「行政手腕重新安置」在國小，卻沒有考慮到他們獨特的發展需求。最後一個問題，就是認為可以解決國中的困難，同時也能夠兼顧青春期前期的真實需求，即學業成就信念在通過類似「把每個孩子帶上來」的法規所扮演的角色。在這項法規要求下，在 2003 年到 2005 年之間，被歸類為「需要改善」的國中數量翻了兩倍之多。在 2004 到 2005 年學年間，在那些擁有特殊教育計畫的國中當中，有 36％的比例被辨識成需要改善的學校（Center on Education Policy, 2005）。為了要回應 NCLB 的要求，許多國中增加教學時間，直接投入直接教學法的經營，降低學生選修課程的選擇。在某些情況下，原本學生和老師或輔導員討論他們個人需求和學習事項的輔導諮商時間，卻被用來當作考試複習的時間（Lounsbury & Vars, 2003）。這些趨勢持續讓學校的氛圍愈來愈不

具人性，偏偏學生在這階段是最需要人性化對待的關鍵時刻，遠比
人生的其他階段更需要這樣的對待方式。底下所條列的是在國中階
段對於學生最具有破壞性的教學實踐：

● **大型、沒人性的學校。**就像前面所提到的，某些原住民文化直覺
了解青春期的危險本質，所以發展設計出一些細心規劃的環境，
讓青春期的危險觀點安然度過，協助青少年朋友跨越橋樑，邁向
成熟的階段。將學生丟到一個大型、沒有人性的國中環境，說明
了我們並沒有多加思考這項重責大任的重要性，也不夠具有敏
感度。「優秀的大型國中基本上是一個矛盾的修辭，」西奧多·
席澤（Theodore Sizer）在《何瑞斯的希望》（*Horace's Hope*）中
這麼寫著：「假借效率之名，將好幾百個笨拙的、通常是早就被
嚇壞的青春期前的孩子，擠在大型校園，這樣的管理者早就忘了
對於一個十一歲的學生來說，什麼情況叫作擁擠的人群，特別是
周遭的人，不管是小孩或成人，都是全然的陌生人，也以一種不
同的語言講話時，那種感受更強烈。這樣的情況下，不禁讓人
懷疑效率到底是哪一類的效率，又是為誰而做出來的效率呢？」
（Sizer, 1997a, p. 30）大型的國中遠比小型或中型的學校更有可
能聘用一些代課老師來填滿教學的缺額，因此更提升不具人性化
的氛圍（Texas Center for Educational Research, 2001）。此外，在
大型學校服務的老師也比較不可能協同合作、使用創新的教學方
式，或使用個別化的教學方式來滿足學生的個別需求（Wasley et
al., 2000；譯註：看了這樣的分析，讓譯者回想起就讀國中第一

119

年的情況,當時我從基隆轉學到台北市,被安排到大安區一個升學率很高的國中就讀。同校的同學雖然都是和我相仿的年紀,但是他們講的是道地的國語,我講的是台灣國語,連英文都落後班上同學許多。那種感覺真的很像作者筆下所描繪的情況)。

- **不夠安全的學校氛圍**。邁入青春期已經是足夠困擾人心的一件事了,更不用說學生還需要忍受各種霸凌、貼標籤(name calling)、毒品和暴力行為不斷威脅他們的校園環境。這些負面的經驗在不知不覺中與青少年脆弱的腦神經和情緒排解的互動中變成了毒藥,威脅這些青少年產出一些負面的行為模式,偏偏這些負面的行為模式會纏繞他們一輩子。建立最適當的學校氛圍之最重要的一件事情,就是降低這類型的負面影響力,並且提供一個安全無虞、受到保護的校園環境,讓青少年學子在這種環境下可以發光、茁壯。不過一項針對中西部地區的國中所做的研究,揭露了 80％的學生承認在研究進行前三十天的時間內,他們在校園內參與了一些負面的行為模式,像是身體的侵犯、社會性的揶揄、嘲弄、貼標籤和針對某些人提出威脅的語句等等(CNN, 1999)。87％的國中回報在研究前一年的時間內至少發生過一件暴力行為,而且將近 30％的國中指出,在研究前一年至少曾經發生過一件*嚴重的*暴力事件(National Center for Education Statistics, 2003)。

- **切割零散的課程**。目前在國中階段強調學業課程知識和技能的一個問題,就是學生被政府要求滿足好幾百個標準,最後只有在成

堆的書面報告和毫無意義的作業當中被淹沒了的威脅。一項針對德州國中校長的研究指出，88％的校長說「幾乎每一位」校園的老師都會在教學課堂中融入 TEKS，或稱為德州核心知識和技能（Texas Essential Knowledge and Skills）的內容（Texas Center for Educational Research, 2001）。就像是卡內基文教基金會的著名報告《2000 年轉捩點：教育 21 世紀的青少年》所指出的：

一個常見的抱怨，就是單就某些州政府或學校學區所要求的標準數量來分析，這樣的要求早就已經讓任何學校都無法照顧到每一項課程標準了（譯註：如果美國聯邦政府要求的課程標準已經令人驚訝，那麼國內的能力指標遠超過美國的課程標準的數量。難怪國內的老師對於能力指標相當陌生，甚至認為能力指標的解讀是出版商的工作，不是每一位老師的工作）。整體來說，這種在每一門學科強制要求的標準，甚至是在單一科目範圍內，可能遠比任何學校所能期望提供的課程還需要更多的時間來進行教學、學習與評量。老師和行政人員關心標準要求的課程進度的涵蓋，很明顯地都直接連結到他們關心（或害怕）上層長官對於績效的要求，要求他們涵蓋「幾乎每一件事情的一小片段的知識和技能」。趕進度意味著以一種膚淺的方式來觸及許多主題或知識（即美國境內使用的教科書）。在一次包羅萬象的測驗當中，學生被迫要在孤立、缺乏意義或連結的情境下，回憶許多教科書上

的片段知識和技能,而老師也無可避免地被迫要擔負起學生在測驗時變幻萬千的實作表現結果。(Jackson & Davis, 2000, para. 9)

此外,教科書通常不夠精確,可能誤導學生或在他們處理數學、科學、歷史、文學或其他學科時有不完整的概念呈現(相關範例請參考 Loewen, 1996;譯註:國內的教科書如果單純就文字方面的缺失,就已經足夠寫成一本書了,況且在概念的精確或正確上,還曾出現許多嚴重的缺漏。這一點可以參考早期國內的國小自然科教科書有個叫「悶熄蠟燭」的次單元,內容錯得離譜,卻很少有老師會質疑教科書內容的錯誤,一直等到當年在台灣師大念博士班的洪振方博士深入研究,才把這個錯誤的單元拿掉)。漂浮在內容不相干的大海,年輕的學子被剝奪了參與聚焦學習冒險的大好機會,那是可以協助他們發展出自我認同的機會,可以讓他們的後設認知的心智更加敏銳的機會,可以將他們暴增的無限能量順勢引導的機會。

● **情緒方面平淡無味的學習經驗。**正在經歷青春期前期的年輕學子對於他們在教室的學習經驗是否出現或欠缺情緒感受顯得特別敏感。如果他們在教室的學習主要是強調老師的講課、教科書、作業和測驗,他們自己的動機很可能會消逝得無影無蹤。不過就像上述所提到的,NCLB 和其他依照學業成就信念的壓力正在讓這些類型的學習環境變成國中普遍常見的校園環境呢!

121

　　一項針對國中生對於學習經驗所進行的研究調查發現，多數學生認為主動的學習遠比聽講、投影片或教科書的學習更能夠激發他們的學習。舉例來說，一位學生說他聽到老師這麼說：「翻開教科書的第 189 頁」時的感受是：「好吧！我這麼說好了，我覺得當我參與一個小組的學習而非面對教科書時，我學得最多。但因為有教科書，有些人根本跟不上教科書的進度。他們呈現學習內容的文字和方式，讓你無法理解。」（para. 14）另一位學生在回應投影片的教學單元時這麼說：「我們幾乎沒有任何事情可以做。我們只是被告知我們所需要知道的每一件訊息。上課全部都是講課的模式。輪到你上課，你就是走進這間教室，然後一點事情都沒得做。你就是單純坐在那裡，然後有些人會這麼說：『喔！那真的是一堂超級簡單的課程。』是的，因為它很無趣，所以是一門很簡單的課程。」（Bishop & Pflaum, 2005, para. 18）對於一位身體的生理系統正在大聲叫囂說：「該是走出教室，走入世界的時刻！」的學生來說，這些都不是我們真正想要給他的學習經驗。

⚽ 最夯的國中：發展適宜的教育實踐範例

　　我們對於青春期前期與青少年在腦神經、社交、情緒和智力成長上的理解，提供給我們具體的導引綱要，可以用來建立一些適當的國中。在這樣的改革企圖當中，最重要的就是使用人類發展的信念——不是學業成就信念——來協助年輕學子發展學習的方式、

策略、計畫和環境。只要各級學校的老師還持續注視著學生，不斷要求飆高的測驗分數、嚴格的標準和沈重的學業內容來當作解決國中所面臨的苦難時，他們根本就沒有做好協助年輕學子做好轉型為成熟大人的準備工作。底下我條列了十二項關鍵特色，那是任何國中教育改革的真實、發展適宜的計畫都必須具備的要素。

122

安全無虞的學校氛圍

在滿足學校的年輕學子的需求當中，最重要的要素就是要提供他們安全無虞的學校氛圍。就如同馬斯洛具有智慧的觀察所得到的結論（Abraham Maslow, 1987）——如果人們為了他們基本的生理和安全方面的需求而掙扎時，就沒有剩餘的能量來滿足他們更高階層的需求，像是愛、歸屬感、自尊與自我實現等等。暴力零容忍的政策並不是讓學校安全無虞的解決方案。他們將一些麻煩的製造者暫時除名，所以短期內可能發揮功能，不過他們完全沒有觸碰到暴力行為的潛在問題（The Civil Rights Project at Harvard University, 2000）。

相對的，學校需要主動創造正向的介入行為，對準麻煩的困擾對症下藥，包含反霸凌行為的計畫、解決衝突、品格教育、幫派的理解、酒精和毒品濫用的輔導活動、學生法庭、同儕的調停和憤怒情緒的管理等正向活動。在加州帕索羅伯地區有個叫路易斯的國中，該校學生擔任國小學生的課業家教、調解衝突事件以及與害羞的六年級學生相處，以協助他們從小學的青澀年華轉型到國中階段。「學生通常在成人還沒有發現問題之前就有能力辨認出問題所

在」這所學校的校長里查‧歐樂這麼說（Wilson, 2005）。在巴爾的摩的麻雀尖嘴國中（Sparrows Point Middle School），學生把學習的焦點集中在每個月的主題。每個月，他們參與投入單元課程，聆聽來賓的專題演講，研究一些強調責任、尊重、容忍、憐憫或誠實等價值的相關素材。麻雀尖嘴國中的學生社團，像反破壞性決定學生社團和美國未來的老師社團等，都將該月學校所重視的價值融入他們的專題計畫，而且學校也參與「為進步而熱情投入」的計畫，同步為值得認同的作為籌募款項。在過去兩年之間，學校經營的結果是學生被退學或休學的人數明顯下降，以及學生出席率和包含在榮譽名單內的人數提升（honor roll；譯註：平均成績在 B 以上的學生都有機會被包含在榮譽名單內，代表該校學生在學業成績表現上不斷提升）（Ruddle, 2005）。當國中試著去解決暴力事件的潛在原因時，他們可以確保學生不僅可以在一個安全無虞的環境下進行學習，還可以確保學生將會變成這個社會上主動積極參與的成員。

123

小型的學習社群

　　一堆研究支持——同時也要求——在國中教育階段推動小規模的校園環境。小型學校在偷竊、暴力攻擊和破壞性的行為方面比大型學校來得少見多了（DeVoe et al., 2002）。這種學校有比較低的中輟率，也可以提升學習的動機和學習成功的機會（Cotton, 2001）。可以這麼說，他們提供學生一個躲避暴風雨的避難所，讓他們可以將學校生活的重點集中在學習，並且變成成功的學生。

學校改革者湯姆斯·舍裘凡尼（Thomas Sergiovanni）和黛柏拉·麥爾（Deborah Meier）建議每一所國中的學生人數不超過三百人，不過其他學者認為學生人數即使到達七百人的程度，還是可以成為一個小型學校的學習環境（Molnar, 2002）。約翰·霍普金斯大學的天分發展國中計畫將辦學的焦點集中在建立一些二百人到三百人之間的學習社群，並且由兩位老師或三位老師為不超過一百位學生的學習扛起重責大任（Herlihy & Kemple, 2004）。擁有一個大型的國中校園也不是創造小型社群的抑制因素。喬治亞的羅倫斯威爾地區的溪岸國中（Creekland Middle School）的學生人數超過 3,000 人，不過這所學校將學生分成五個社群，每個社群有自己的行政人員。在六年級（譯註：美國的國中通常包含五到八年級）時，學生被指定到某一個社群，並且持續在那個社群到高中畢業為止。老師方面則以兩人為一個小組團隊，這樣的合作關係可以讓他們更深入了解他們的學生群體（Jacobsen, 2000）。透過創意的行政和預算的策略，任何一所國中環境都可以根據「小而美」的精神來結構。

個人化的成人關係

來到 21 世紀這個資訊年代，對於許多和父母親可能少有接觸的小孩來說，是相當艱困的視野。根據米哈力·奇生米哈力（Mihaly Csikszentmihalyi, 2000）的觀點：「多數時間，青少年如果不是獨自一個人（26％）或是和朋友在一起（34％），就是和同學在一起（19％）。他們很少有機會在成人的陪伴下度過每一天。典

124

型的美國青少年每天只花五分鐘單獨和他們的父親相處，根本就不足以傳遞維持一個文明社會所必需的智慧和價值。」（p. 46）每隔四十二分鐘將學生從一位老師的教室轉送到下一位老師的教室的國中，只會讓這樣的問題更加惡化而已。

另一方面，提供每個學生一位老師當作他們的導師、輔導員、諮商師或導引者的角色，對於某些學生來說，可以幫助他們獲得安全無虞的感受，也可以獲得信心，並且對學習產生一些目的。優秀的國中會幫他們的學生指定導師或課業的諮商輔導老師——和學生共同度過整個國中生涯的老師。在佛羅里達州的甘斯威麗（Gainesville）地區的亞伯翰・林肯國中，學校為十八到二十二個學生指定一位輔導諮商的老師，來陪伴他們在國中的三年時光。輔導諮商的老師輔導他們管轄的學生，當作學生學習的楷模，並且以儀式——包含學生的分享——開始每一天（Doda, 2002）。好的國中使用迴路的模式，一種讓學生和一位或多位老師在一段為期兩年以上的時間相處在一起的過程。「人們需要有意義的關係，特別是當他們正處於重要的發展時期，」喬治亞學院暨州立大學教育學院退休榮譽院長約翰・H・龍斯貝瑞這麼說：「有許多重要的教育目標是無法在短期的關係下有效完成的。」（Ullman, 2005, para. 2）

投入的學習

觀察青少年學子的學習中有一項是持續被注意到的項目，那就是他們和國小學童相比，在學習動機方面有明顯的下降趨勢。傳統觀點把這種趨勢視為他們身體內部正在進行的生理和情緒方面的變

化所引起的。不過,更合理的建議是,學習環境的品質是決定他們
是否投入學習的主要關鍵(Anderman & Midgley, 1998)。如果學
生進入一所大型、沒人性的學校系統,在這樣的學校裡,他或她只
被告知要學習、閱讀、研究和記憶哪些知識和技能,那麼比較可能
發生的事情就是這樣的學生不太可能被激發出學習的動力。相對
的,如果學生在決定自己即將面臨的學習經驗中扮演舉足輕重的角
色,那麼青少年不斷湧現的能量只會為他們學習的動力加足馬力,
並大步往前邁進。在緬因州波特蘭地區的海倫·金國中的七年級學
生,製作了一份關於緬因地區瀕臨絕種生物的光碟片。在路易斯
安納州的德斯翠漢地區的哈利·荷特國中,其學生參與一項稱為
濕地觀察者的計畫,這項計畫包含了水質的監控、種樹來延緩海
岸線的侵蝕,以及教育社會大眾明白照顧環境品質的重要性(Ball,
2004)。在加州柏克萊地區的馬丁路德金國中的學生在他們自己的
農園栽種有機蔬果,供師生食用(Furger, 2004a)。在這些個案當
中的每一項,學生直接參與真實生活的追求,而不是人為的、和他
們的生活幾乎一點關係都沒有的單元課程。

正向的角色楷模

　　在古代給年輕人的過關儀式當中,最重要的一個項目或許就是
有成熟的成年人陪伴在身邊,協助青少年度過這個過關儀式,轉型
成為社會上完整的一份子。就像上面所提到的,在青少年學子的生
活中通常沒有這個要素存在。國中是一個學生需要有機會和年長一
點的人接觸的地方,而且這些成年人自己就具備朝氣蓬勃的生命經

驗，本身就是真實地過著每一天的生活，才能夠親身示範。有許多
國中的學習計畫把這當作辦學的焦點。舉例來說，國家科學基金
會所贊助一項叫放眼未來（Eyes to the Future）的計畫，目的就是
為七和八年級的學生找尋高中女生和成年婦女加以配對，讓年長
的女性可以為國中學生在科學、數學和科技方面擔任輔導角色。
另外，透過生命科學提升數學的理解（Math Understanding through
the Science of Life）將杜克大學工學院學生和國中的學生結合在一
起，共同研究蟲類、進行天氣預測，和參與其他可以將數學運用到
真實世界的專題計畫（Dickinson, 2001）。有許多方式可以讓國中
學生暴露在正向角色楷模之下。家長義工可以提供他們的專業為在
學的學生在某些特定領域做專業的解說服務。校外的專家可以和學
生分享他們在專業上的發現。學校可以在課程方面提供正向角色楷
模的計畫，鼓勵學生研究名人的生活，像是那些在逆境中成長或社
區裡成功的代表人物，可以由學校邀請他們到學校，和學生分享他
們是如何在艱困的環境下克服逆境而獲得成功經驗。舉例來說，在
加州的聖荷西有一個角色楷模的計畫，將企業和社區的領袖帶入聖
塔克拉拉郡的教室，鼓勵學生投入正向的生命選擇和教育方面的成
就。運用這些和其他方式，國中的老師可以協助年輕的學子抗拒許
多來自於壞形象的媒體英雄、鼎鼎大名的幫派首領，和其他具有破
壞力卻沒有邁向成熟之旅的負面個人影響。

126

後設認知的策略

　　進入青春期的情緒混亂階段的學生正在經歷思考能力上的主要

變化。他們正式進入認知發展上的形式運思期。現在，是學生有史以來第一次可以思考思考這件事情。他們可以把自己抽離出來，然後往下看他們自己，並且反省自己的所作所為。這樣的能力是青春期年輕學子的一項重要資產，因為這個階段的年輕學子已經有能力將油門踩到底，卻還沒有配備好他們的煞車裝備。與其因為衝動而採取行動，我們可以訓練他們的心智，觀察到底發生哪些事情，並且採取適當的措施來加以因應。沈浸在學業成就信念的老師和行政人員通常會執著於青少年階段的孩童已經處於形式運思期，所以可以教導他們學習代數預修課程或代數課程。對於這項心智方面的重要資產來說，這是過度簡化的做法。

127　　　我們應該協助學生使用他們新的心智來研究學習的技能、針對課程素材進行反思、探索他們生命中那些具有衝突的本質，並且為自己設定真實可行的目標。在肯德基州的柯文采有一所老橡樹國中（Knotty Oak Middle School），其學生學習如何解構他們已經學過的每一個主題，以視覺化的方式來看這些學過的素材，並且在教科書裡找尋他們可以做出特定結論的素材。「學習是混亂的，」英文科主任康斯坦‧東帝士（Constance Tundis）這樣說：「我告訴學生我想要看到在燃燒的木頭。我想要看到一個『正』字圈選（譯註：原文為 crossouts，代表學生要在每次思考時做記錄，總共做了五次，代表學生要針對同一主題反覆進行五次以上的思考。不過因為美國學生不認識『正』這個字，所以使用不同的記錄方式，國內通常使用『正』來代表記錄的次數，所以這裡採用國內熟悉的語

文），因為這樣代表你更深入地針對同一個問題做了五次思考。學習基本上是在問問題，而不是在找尋答案。如果他們知道哪些項目可以深入探究，該找尋哪些資源，如何去連繫，那麼他們將會找到正確的解答。」（Steiny, 2005, para. 17）哈佛零計畫（Project Zero；譯註：這是一個主要依據藝術發展出來的學習計畫，想要讓學生可以在多元智慧方面發揮強勢智慧進行學習，有興趣的讀者可以參考心理出版社的相關書籍）的學校實用智慧（Practical Intelligence for School）的專題計畫準備了許多不同的素材，來引導國中生創造他們自己的方式來進行學習、規劃、反思和配合學校許多要求和規定的課業（Blythe, White, & Gardner, 1995; Williams, Blythe, White et al., 1996）。同樣的，在衝突調停的學習方面，學生可以接受師長的協助，暫時抽離他們自身的想法一段時間，來觀看他們在自己身上所找到的社交或情緒困擾，並且找尋一些可以解決這些困擾的正面解決方案。

表現藝術的活動

當我們了解到青少年學子體內正在發生的一些情緒和生理上的快速變化時，令人好奇的是為何在國中階段，學校並沒有將學生學習的焦點集中在更多的表現藝術上。表現藝術應該被視為任何一所國中的整體教學計畫當中**一項核心要素**。藝術活動提供青少年學生機會，在**沒有批評**的氛圍下表現他們自己，像雕刻、繪畫、戲劇、音樂和舞蹈都是相當不錯的表現藝術。想要在表現藝術上不及格幾

乎是不可能的事情。當學生以藝術的方式表達他們自己時,他們可以昇華性方面的能量、疏通暴力行為的衝動、整理情緒方面的衝突和建立比較深層的自我認同感。這些都是青春期前期非常重要的發展任務。

在北卡羅萊納州的柏登郡有一所克拉森發現學校,這是公立的磁石學校,其學生閱讀兒童文學作品,並且透過創意的律動發展文學作品裡的角色。他們同時也使用攝影、藝術和語文的方式建立了「代代相傳的傳家寶」(heirlooms),或是他們想要一輩子保留下來的書籍。在南卡羅萊納州的哥倫比亞有一所漢德國中,學生根據天氣的形態書寫一些詩歌和小說,並且扮演在哈林復興運動(Harlem Renaissance;譯註:美國黑人文學的興盛時代,主要在紐約的哈林區發展出來)當中著名詩歌的各種角色(Stevenson & Deasy, 2005)。青少年學子應該有機會在每天上學時都可以做某些形式的創造藝術,不管是像上述所提把藝術統整到一般課程裡的模式,或是當作獨立的學習活動。當青少年學子試著去寫詩歌、玩弄黏土、繪畫、彩繪、跳舞和唱歌時,他們是以創意的模式參與投入形成自主的個體行動。這項作為對於社會的貢獻是非常重大的。

健康和福利的辦學焦點

當學生的身體在青春期發生變化時,需要有人在旁邊協助他們理解,到底他們的身體正在進行什麼樣的改變。最近有一項由全國公共廣播電台(National Public Radio)、凱瑟家庭文教基金會

（Kaiser Family Foundation）和哈佛的甘乃迪政治學院（Kennedy School of Government）共同進行的調查發現，只有 7 ％的美國人認為性教育是學校應該教導的課程（Henry J. Kaiser Family Foundation, 2004）。性教育應該是學校嘗試提供訊息，讓青少年學子在這個發展階段，主動去理解和他們的生活比較有關聯的議題，像是藥物濫用、憂鬱、飲食不正常和其他相關疾病的嘗試中的一部分。此外，這些努力都應該在一個強調維繫健康的情境下進行，而不是單純提到如何避免疾病發生的被動理念。在伊利諾州納普維立的一所麥迪森中學，學生在每個星期十二分鐘的跑步時間裡，戴著心跳監控儀器，並且使用完善的電腦健身儀器測量他們身體的狀況，從身高、彈性到每個學生膽固醇的含量（Furger, 2001）。在紐澤西州的巴西班尼—特洛伊山丘學校學區的國中所提供的健康教育課程，涵蓋了壓力管理到性傳染疾病，及到藥物濫用和懷孕生產的相關課程。不再害羞於青少年學子這段生命當中很重要的敏感議題，國中的教育夥伴可以證明他們真的關注學生的生活。

129

情緒方面有意義的課程

了解到邊緣系統或「情緒大腦」在青春期前期特別活躍，所以很明顯，課程需要圍繞著有情緒內容的主題和議題，才能夠以一種扣人心弦的方式，鼓勵學生在課業的學習上投入他們的感情。不過就像上面所提到的一樣，國中的許多課程都是以教科書為主（我們要這麼唸這個詞彙：無—趣），這些教科書是根據標準進行單元活

動的安排，對於那些制訂法規的政治家來說，可能是良好的課程，不過與熱情的青少年朋友的真實世界卻相去甚遠。

優秀的國中在教導國中學生歷史、社會科、文學、自然科學，甚至於數學時，是以能夠對年輕朋友的情感生活有所影響的方式進行的。舉例來說，在紐澤西州的瑞基武德地區有一所叫富蘭克林的國中（Benjamin Franklin Middle School），其學生閱讀華沙猶太起義相關報導（Warsaw Ghetto），並且討論他們可以如何在自己的生活上克服社會不公不義的現象。在另一個班級，學生在他們的日誌上書寫心得感想，說明身為一個被領養的孩子將會有怎樣的感受（Curtis, 2001a）。在麻州的昆西地區一所叫中央國中的學校，選修自然科的學生創造家庭樹來研究基因遺傳，並且檢視特徵的遺傳，像是他們的族譜上是否特別具有音樂的天分（Harvard Project Zero, 2006）。

不管學習的單元為何，老師應該隨時隨地試著將自己的教學和學生的感情、回憶或個人的交往情況連結。一個簡單的策略可能就是詢問學生：「回想在你的生命當中，當你……」。如果學習的主題是美國革命，學生可能想到他們自己的生命中一些和革命有關的範例。如果主題是關於一本小說中的一個角色，他們可以回想在以往的生活面對類似的問題時的一些情況。任何時刻，老師都可以將課程連結到年輕學子的邊緣系統，然後將那些情緒連結到後設認知方面的反思活動（「你現在可以用哪些不同的方式處理這個問題呢？」），那麼他們就是以一種發展合宜的方式教導這個階段的學生。

130

在決策過程學生扮演的角色

雖然學生主動發起的學習是一所優質國中的重要成分，不過學生在學校的事物上必須要扮演更寬廣的角色。他們應該透過校園裡的青少年法庭維持校園的紀律，形塑學校的各種會議或特殊事件，針對學校的課程、校園環境和其他攸關學校運作的事件，提供有意義的回饋意見。在一個民主化的教室裡，他們應該有機會可以表達自己的想法和感受。對我來說非常詭異的一件事情，就是我們期望學生學習民主的概念，卻是在一個比較像是獨裁運作的模式下進行的！在德州奧斯丁的一所韋伯國中裡，學生透過班級會議參與學校的共同決策過程。舉例來說，在一次會議中，一位學生分享他對於走廊安全的考量，並且建議在走廊上設置一套監控的系統，受到同學的熱烈歡迎，並且當作學校政策來推動實施（Appelsies & Fairbanks, 1997）。奧瑞岡州泰蘭德的泰蘭德國中的學生帶領學校的親師座談（Kinney & Munroe, 2001）。在華盛頓的奧林匹亞地區，國中學生擔任私人家教，教導當地大專院校的實習老師如何使用高科技的工具（Armstrong, 2001）。這些個案當中的每一項，年輕學子在他們生理上迫切需要被別人認可的關鍵時刻，都有機會受到師長的賦權增能。

尊重和尊敬學生的觀點

讓學生在校園的決策過程扮演舉足輕重的角色有個深層的表現模式，那就是學校師長需要針對他們真實的言論給予實質的尊重。這或許是國中階段的老師可以為學生所做的事情中最重要的一項：

協助他們找尋自己的聲音。在這個階段的學生試著在來自於同儕、
幫派人物、媒體和其他來源的聲音中找尋自己的聲音;他們面對一
個重要的挑戰:要在這些雜音中,試著挑選出他們自己獨特的自我
認同——他們自己真實的聲音。

在國中擔任老師的人應該很關心於協助學生透過詩歌、日誌
撰寫和其他有意義的書寫作業來發展他們自己個人的聲音。在
麻州昆西地區的一所百老匯草原國中裡(Broad Meadows Middle
School),學生參與一項叫書寫錯誤(Writing Wrongs)的計畫。
與其從一本教科書書寫一些虛假的商業信函,他們寫信給真實的人
物,試著解決實際的問題。其中有一封信試著遊說市長採用學生自
己發展出來的「認養鄰里」的清掃計畫。其他的學生寫信給政治家
和企業家,說明他們所了解的第三世界使用童工的現象,因為這些
書信,他們在美國勞工部出庭作證,在哈佛大學研究生面前發表演
講,並且募得十四萬七千元美金的捐款,以債券勞動的模式為巴基
斯坦的孩童建立一所學校(Adams, 2001)。當年輕的學子注意到
他們深層的聲音確實被聆聽了,也受到別人的認同時,他們獲得信
心和一種自我認同的感受,那是他們未來面對挑戰時,會和他們並
肩作戰的資產。

協助社交和情緒方面的成長

學業成就信念的支持者在努力滿足標準與提高學生受測成績
時,將學生在社交和情緒方面的成長放在放在一邊。不過學校的師
長這麼做是會危害這個社會的。優良的國中協助學生發展他們的情

131

緒智商和內省與人際方面的智慧（Gardner, 1993; Goleman, 1997；譯註：整體來說，這是譯者另一本翻譯作品《多元智慧的教學與領導》所提到的「個人智慧」）。他們使用合作學習的方式當作培養正向社交關係的一個關鍵學習。他們的教職員當中有訓練精良的輔導員，也維持優良的轉介網絡，讓學生可以從心智健康的專家獲得協助，處理他們在情緒方面的問題。他們讓學生投入課程相關的活動，同時也用來發展學生在情緒和社交方面的智商。

在德州奧斯丁的韋伯國中裡，學生創作了生命的圖像或視覺化的自傳來說明他們生命當中的起伏，包含他們所經歷的旅行、意外事件、家庭的里程碑，和其他個人方面有意義的事件等等。他們接著從這個圖像當中挑選一個關鍵事件，擴充成一篇可以抒發個人情緒的敘述文章，像是「我是如何學會打籃球的」、「一趟墨西哥之旅」，或「被取笑的經驗」等等。他們同時也創造了自我認同的箱子，在這箱子裡包含了他們的相片、紀念品、詩歌和其他珍貴的寶藏，然後他們在介紹自己的箱子給班上同學認識時，用錄影的方式記錄下來，製作成光碟珍藏（Appelsies & Fairbanks, 1997）。在威斯康辛州的瑞新有一所華登三世國中，學生在一個由師長、同儕和社區成員所組成的委員會面前呈現過關儀式，報告內容包含了他們經過十六個領域方面具備能力的證明，包含了英文、數學、倫理和身體的挑戰（George Lucas Educational Foundation, 1997）。當學校的師長將關注的焦點集中在學生在社交和情緒學習方面的發展時，他們確保了學生將會有他們所需要的個人工具，會在一個更寬廣的社會中適時發揮功能。

132

有太多老師認為青春期前期是我們可以把孩子形塑成適應高中教育、接受嚴格學業要求的時刻，或是考驗年輕人在經歷成長所必須經歷的崎嶇旅程時，需要具備更多的耐心（如果是痛苦的耐心考驗）。這兩者都不是正確的理解。在兩個極端之間有一個中間地帶，是那些想要處理青少年朋友真實發展的師長所必須考慮的事情。年輕的學子過著豐富而熱情的生活。要求他們放棄這些學校以外的生活，對他們來說，其實是嚴重的社會不公義，也威脅我們去剝奪這些孩子原本要給這個社會帶來的禮物。擁抱青少年早期的熱忱，並且使用這些能量來活化教室裡的學習，師長可以確保這些優秀的年輕生命的聲音將會唱出他們的期望、害怕、喜悅和悲傷，這樣的模式不僅可以為他們自己也可以為社會的其他人帶來更多的好處。

133 ⚽ **進階閱讀**

1. 拜訪一所運用這一章所描繪的適宜發展的教學實踐的國中。然後去參觀一所這一章所檢視的不適宜發展的教學實踐的國中。比較你參訪的經驗。一般來說，這兩所學校有什麼樣的情緒氛圍。哪一所學校的學生看起來學得比較多呢？哪一所學校的學生看來比較投入學習的歷程呢？請與那些曾經做過同樣或類似學校參訪的同事，分享你的省思和觀察結果。

2. 回想你自己早期青少年的時期。那時的你有哪樣的期望、害怕、喜悅和夢想呢？哪些特定的問題在你生命的那個階段扮演

著舉足輕重的角色呢？對你來說，學校像是什麼呢？你是否還依稀記得一些特別支持或不支持你的老師呢？你還記得在學校的生活裡，哪些課程、活動和學習的經驗是你最享受（或最討厭）的項目呢？當這些回憶進入你的腦海時，請把他們依序寫下來。請你和也做過同樣回憶的一位同事（或一群同事）分享這些回憶。討論經過這些年來，當一個年輕的學子有哪些重要的改變呢？

3. 觀察年輕學子在正規與非正規情況下的學習活動，這些活動可能在校園裡，也可能在校外。根據你所看到的行為，可以針對他們在情緒、社交和創意的生活上做出哪些推論呢？他們進行這些活動時的環境到底是支持或不支持他們的發展需求呢？

4. 訪問至少五位介於十一歲到十五歲的青少年朋友，問他們對於學校的想法。問他們最喜歡和最不喜歡的學校課程。問他們是否有最喜歡和最不喜歡的老師（進行這樣的訪問時，請不要在你任教的校園進行）。如果他們不喜歡他們的學校經驗，問他們什麼樣的改變可能更能夠滿足他們就學時間的需求。

5. 在你的觀點裡，這一章所描繪的青少年階段適宜發展的教學實踐中，哪一項是最重要的呢？還有哪些教學實踐是你想要添加在這清單上的呢？哪些教學實踐在你所服務的國中是最欠缺的項目呢？請盡量在你的學校學區或社區支持這些教學實踐的發展和落實。

134

CHAPTER ⑥

高中：為學生面對真實世界的獨立生活能力做準備

比爾・蓋茲 ── 這位微軟的創始者，也是世界首富，在 2005
年的 2 月 26 日在華府所進行的全國教育高峰會議（一個探究高中
教育的會議）中，針對州長、教育界的大老作了一場演講。在演講
中，蓋茲指稱美國的高中教育已經過時了。他公開宣稱大多數高中
畢業生並沒有為進入大學或在 21 世紀工作做好準備。他建議高中
應該進行一些改革，以便讓每位畢業生都為進入大學做好準備。蓋
茲在他的演講特別提到：「在工業化國家中，我們擁有最高比例的
高中中輟生的比例。而許多從高中畢業的學生並沒有進入大學。而
那些進入大學的學生則沒有做好準備 ── 最後導致他們從大學退
學。這就是美國的大學退學率也是所有工業化國家中最高的主要原

因之一。」（Gates, 2005）蓋茲的這番評論相當諷刺。他也在大學中斷他的學業。

蓋茲在 1975 年離開哈佛大學，創立了微軟這個著名的電腦軟體公司，而剩餘的部分，就像他們說的，根本就是歷史了。不過那不是這個故事的終點。從大學中輟學業，變成億萬富豪的人數不勝枚舉，包含了保羅·亞倫（微軟）、麥可·戴爾（戴爾電腦公司）、拉瑞·艾立森（甲骨文資訊科技公司）、史帝夫·賈伯（蘋果電腦、皮薩克動畫；譯註：皮薩克動畫是目前相當著名的電腦動畫軟體）與里查·布蘭森（威京唱片）——他完全跳過大學的學習（Dukcevich, 2003）。至於百萬富豪等級的權貴，同時也是在大學中斷學習的人物包含瑞·克羅克（麥當勞食品）、桑德士上校（肯德基炸雞）、大衛·湯姆司（溫蒂漢堡）、佛瑞德·德魯卡（潛水艇三明治）、湯姆·蒙納翰（達美樂披薩）和卡爾·卡查（卡爾速食）。其他在大學中斷學業的人包含了偉大的心理分析家艾瑞克·艾瑞克森和作家威廉·福克納（William Faulkner；譯註：美國小說家，1949 年諾貝爾文學獎得主）。

從上面的分析看來，從大學畢業不見得是未來生活能否成功的必要要素。不過比爾·蓋茲在他的評論所說的話，有部分倒是正確的。我們的高中教育相當的陳腐、過時，讓我們無法為學生針對未來面對真實世界時做好準備，成為成功與獨立運作的個體。在這一章，我將會建議這是高中最重要的唯一功能。不過我也建議，四年制的學術型大學只是高中能夠為學生做好準備工作的選項之一，不是唯一選項。高中畢業生可以選擇的可能性包含了在四年制的大學

選修非傳統的學習課程、替代性的四年制教育機構、兩年制的社區大學、貿易和技術學校、登記有案的正式學徒制度、技能中心、函授和線上課程、半工半讀或旅遊學習課程，以及如同蓋茲和其他億萬富豪直接參與企業的活動，或許也會和這些億萬富豪一樣，攪動整個世界。

學業成就信念很明顯地窄化了教育界夥伴能夠為學生畢業後做好的各種準備工作。近年來，聯邦法規建議提供大學獎學金給一些完成一套「嚴格、嚴謹」的高中課程的學生。那麼聯邦政府將會是決定「嚴格和嚴謹」到底該如何定義的唯一單位（《牛津英文字典》對嚴格的定義，就是「嚴苛地和一個人相處」）。這樣的計畫看起來很可能像底下的情況：四年的英文課、三年半的社會科課程、兩年的外語，和一整個學年的代數、幾何、高等代數、生物、化學和物理（Dillon, 2006）。即使這樣的要求也還沒有達到學業成就信念的氛圍。現在有許多高中已經逐漸在學校課程規劃一套學術型四年制大學的氛圍在課程的架構上。五十年前只有幾所頂尖高中的少數學生選修大學預修課程（Advanced Placement courses），現在已經在 60% 的高中實施大學預修課程。在 2006 年針對聯邦現況的說明文件中，布希總統建議要「訓練七萬個高中教師來帶領大學的數理預修課程」，這將會把高中選修大學預修課程的學生人數增加四倍之多，在 2012 年達到一百五十萬人（Lewin, 2006）。

這種準備的行徑對於那些想要以醫生、律師、科學家或教授為職志的學生來說，或許是好的。不過對於那些抱持其他目標的學生，我們該如何協助他們呢？對於那些想要變成美容師、水電工、

137

律師助理、秘書、托嬰專家、承包商或其他幾百種領域的專業人員
的學生，我們真的需要要求他們獲得四年制學術型的大學文憑嗎？
這種特別強調學術型的大學準備，對許多這類型的學生來說，只是
讓他們原先的挫折感更加惡化，他們的夢想、能力、志向和癖好在
這種一體適用、以相同模式對待每位學生追求學業的情況下，完全
無法做出任何反應，就像是他們原本就想要追求專業的學術訓練才
能夠在未來的生命獲得成功經驗似的（譯註：會翻譯這本書的原因
之一，也是看到許多大學生即將畢業時，和譯者表示說明他或她想
要去夜市擺地攤、開餐廳……，不過既然要獲得大學文憑，就是要
忍耐許多學術的追求。對於這些學生，或許我們也該思考如何協助
他們轉型）。至於那些對於自己的生活壓根都不知道要追求什麼的
學生，又該如何幫忙他們呢？把這些個體緊緊地鎖定在一個嚴苛的
系列學業課程追求，當他們還在接受高中教育時，我們強行剝奪了
他們嘗試其他職業的機會（透過實習制度、學徒制度和其他在本章
稍後會說明的學習計畫）。這類型的經驗將會把他們擺放到一個更
理想的位置，讓我們可以和他們一起評量什麼樣的學習經驗才是他
們想要為未來的生活做好的準備工作。

138
⚽ 國中與青春期後期的發展需求

　　以狹隘的視野來看待高中應該如何協助學生為未來做好準備，
將會忽略許多重要的發展議題。國中和後青春期的學生正處於轉型
成獨立自主的成年人的開端。古代和原住民的文化當中，在完成青

春期的習俗和儀式之後，青少年就會被他們的長輩看作成年人，所以也要投入成年人的責任和意義。這樣的儀式也會透過昆西尼垃的慶典儀式（quinceañera），反映在今日的西班牙文化中，或是一個小女孩在十五歲時，轉變為成熟的拉丁美洲女人的慶典儀式，以及猶太教在女孩十二歲時所舉行的女子成人儀式，和男孩十三歲時所舉行的成年禮儀式。從一個法律上的觀點來看，很明顯地也承認當學生十幾歲時，正是邁向成熟的階段。十四歲的學生可以合法的在許多沒有立即危險的工作場合打工，也可以設定他們自己的個人退休帳戶。在許多州裡，十六歲擁有駕駛權力，可以合法開車，甚至在某些情況下，他們在許多州還可以合法結婚。當學生到了十八歲的階段，就可以在地方、州政府或聯邦的選舉擁有投票權利。相當諷刺的發現是，在真實的世界中，高中年齡的個體在許多方面已經有成人的特權，不過當他們坐在高中的教室時，卻需要舉手詢問老師是否可以上廁所！

　　從生物觀點來分析，處於國中和後青春期的孩童已經過了青春期最初的尷尬衝擊，而且在腦神經學方面也已經開始適應身體的變化情況了。在青春期的開始階段，經歷過短暫的灰白質竄升之後，一個逐漸發生的變薄或修剪的過程，讓他們的大腦更有效率地運作。而在大腦與脊髓、神經纖維所構成的白質部分，允許神經突傳遞地更快，穩定的部分也持續增加中，直到這樣的個體達到二十歲左右。額葉——這個認知功能集中發生的部分，在青春期末期和成年期早期仍然持續地邁向成熟的階段（Giedd et al., 1999; Rapoport et al., 1999）。

139　　　不過，許多正向的發展變化在青春期中期正穩定地進行著（大約在十五到十七歲的階段），包含發展一致性的計畫和長期的目標、採用更多工具來分析問題的能力、針對倫理道德和宗教信仰的議題提出更深層問題的能力等等。這個年齡的學生因為許多新的因素，所以和那些比他們年輕的青少年相比，已經發展出一套比較穩定的感覺，包含更廣泛的社交網絡，對於這個世界也具備了愈來愈多的認識，寂寞時所發展出反省能力，同時也發現新的才華和能力，像運動、藝術和音樂方面的才華都逐漸顯露出來。

　　　在所有的相關變化中，想要協助學生為未來做好準備的高中應該了解的範圍，除了青少年的發展需求外，還需要了解下一個人類發展階段的需求：成年期前期。就像是目前的情況已經證明——也和多數人類發展的研究者發現相似——從四年制的大學畢業並不是一個剛成年的人的核心發展任務，艾瑞克・艾瑞克森（1993）在他所宣稱的人類發展模式中指出，成年期前期有個關鍵的議題，那就是對於親密的渴望和追求（如果無法做到這一點，這樣的個體將會被社會所孤立、分離）。成年期前期就是多數人要結婚生子、成家立業的階段。成年期前期也是多數人找尋到人生第一份工作，並且透過某些類型的輔導工作和嘗試錯誤的歷程，決定他們應該如何將自己的獨特特質融入周遭文化對於他們的要求（Kenniston, 1972; Levinson, 1986, 1997）。在目前的高中所開設的大學預修課程中，**根本就沒有任何課程**反應這類型的覺醒，讓高中的師長可以滿足學生在這些需要發展的任務。一所把所有資源都集

中在協助學生準備微積分、物理和化學等測驗的學校，沒有剩餘時間可以協助學生，針對他們到底是怎樣的人進行反省的工作，也無法協助學生學習如何與他人相處，或是養育其他的生命和發現學生內在的喜好和傾向，為未來的職業抱負加滿油，繼續往前邁進。

⚽ 在高中階段一些不適宜發展的教學實踐

140

在前一章，我們針對國中／初中所討論的許多問題，在高中階段也占有同樣的重要性，包含大型與沒人性的校園、不安全的學校氛圍、情感上平淡無味的學習經驗和切割零散的課程。歷史上針對國中和高中階段許多議題所做出最重要的努力應該就是來自於西奧多・席擇（Theodore Sizer；譯註：美國羅德島州布朗大學的教授，主導計畫的主要目的是聯合以服務都市窮人子弟為主的學校，使參與學校能維持並提供每一位學生基本的學術目標，及提倡學習的環境）和他所發起的核心學校聯盟（Coalition of Essential Schools）。席擇和他的同事曾經批評許多傳統完全高中的特色，包含把一整天在學校的生活切割為許多五十分鐘的課堂、多數老師過度講解課程，以及在一些毫不相關也沒多重要的學科領域累積足夠的學分數等等──也就是他們所稱的「購物中心型的高中」（Herbst, 1996; Powell, Farrar, & Cohen, 1985; Sizer, 2004）。就像席擇所指出的：「舉例來說，是否有任何人可以說明青少年最適合的心智發展、就是將他們暴露在五十分鐘為一節、完全不相同的學

科領域、每一門學科領域和其他領域都完全孤立的課程呢？有誰相信學生應該是老師不斷講解九十分鐘課程的被動接收者呢？」（Cushman, 1989, para. 17）。同樣地，高中教育的改革者黛伯拉‧麥爾（Deborah Meier）也曾經批評國中和高中這些教育機構無法讓學生投入這個世界的真誠對話，也無法挑戰學生去創造他們自己的問題、想法和解決生命中陸續出現的問題（Meier, 2002）。與前面所提到那些不適宜發展的教學實踐相關的，還有其他值得進一步討論的教學實踐工作（請參考表 6.1）：

能力分班。將學生分別集中在不同的「能力組別」或「能力分班」的過程（例如，將學生區分為學業／職業類別，或大學預修／基礎班／一般班別；譯註：這樣的說法和國內長久以來將學生區分為放牛班、升學班和資優班的做法雷同），明顯地降低了那些被放在底層或低階層能力的學生的學習經驗的品質。歐克斯（Oakes,

表 6.1　在高中所發現的一些不適宜或適宜發展的教學實踐

不適宜發展的教學實踐	適宜發展的教學實踐
大型、沒有人性的高中	小型的學習社群
「購物中心型」的高中	主題核心的磁石學校（magnet）或特許學校（charter schools）
能力分班	職業類型的學業課程
花太多時間呆坐在教室	實習制度
過度的學業壓力	工商企業的進取心
不合人性的師生關係	學徒制度
零容忍的政策（譯註：對於校園暴力事件採取零容忍的政策）	民主化的社區

2005）指出在後段班的教學傾向於刻板的記憶學習，使用無趣的習作和可以操作的套裝組件，以及練習一些求生的技能，像填寫一份工作申請函；不過在高階層班級的學生則投入比較高階層的問題解決、批判思考、創意寫作和其他較適合發展的學習活動。在學生的大腦還沒有完全發展開來，學生本身對於未來工作志向還沒有發言的權利之前，以及在比個體間實質差異更不公平的社會和種族不平等情況下，為學生的未來做行政決策，經常讓許多學生過著無法發揮自己潛能的生活。

花太多時間呆坐在教室。如果高中的目的，就像我所了解的狀況一樣，是想要協助學生做好在真實世界中過獨立自主的生活的準備工作，那麼學生花愈多的時間擠在擁擠的書桌間，他們就會花愈少的時間投入這項關鍵的發展任務了。對於一些腦袋空空的人來說，或許回應校園的鐘聲、上廁所還需要獲得師長的許可、聆聽教室的擴音器傳來的一些宣布事項、差遣二號鉛筆，就是讓學生熟悉這個世界的方式。不過在這樣的劇本中遺漏了兩項重要的事情；一項就是獨立自主的感受，另一項就是真實的世界。在真實的世界，人們除了需要努力工作外，還需要彼此協商、調解、說明、爭論、生產、實驗、規劃、反省、設計、建設、教導、嬉戲、牽連關係、期待和創造。而且在進行這些工作時，不會有一個安全的防護網保護他們的所作所為；換句話說，他們就是獨立自主地進行工作。學校的生活如果包含愈多高度控制、人工化機制主導、老師主導的活動，那麼學校的環境就愈偏向不適宜發展的選擇。

141

142

　　過度的學業壓力。這本書早就討論了學業成就信念在各個學校階層對於學生所造成的不良影響。即使是那些具有高度學習動機，為了進入學術型的大學，也適應了一套嚴謹學業要求的學生，大量選修大學預修課程，為了要讓每一門學科都保持在平均 4.0 以上，努力學習來滿足愈來愈嚴格的課程要求，這些對於學生比較深層的發展需求都會造成不好的影響。這些學生，其實就像這年齡的其他學生一樣，正在忙碌地建構自我認同，逐漸形成他們的人際關係，對於生命提出比較深層的問題，也正在從父母、師長和他們的過往脫離關係，變成獨立自主的個體當中。如果他們每天的每一小時都耗在無止境的追求最高的平均分數，以及他們所選修的每一門大學預修科目都保持在 5 分的水準，那麼他們的自我認同將會圍繞在這個薄薄的自我的外皮下而塑造成形，如果壓力過大，或是圍繞在他們身旁的生命結構改變到他們無法適應的程度時，自我就會整個瓦解了。沮喪、飲食不正常、自殺的傾向和其他的心智（或身體上的）疾病將會隨侍在那些選擇走這一條高空鋼索的青少年身旁，而完全忽略了高中生活其實還有許多生命的藝術等待他們去探索。

⚽ 最夯的學校：
在高中推動適宜發展的教學實踐的範例

　　許多適合高中生發展的教學實踐已經在前面那一章說明過了。此外，一些廣泛的原理原則在核心學校聯盟也都有清晰的說明。同時兼顧初等教育和中等教育（包含國中階段），不管學校所提供的

143

特定學習活動或課程，這些共通的原理原則為*每一所學校原本就該*具備的元素打好基本架構（Sizer, 1997b）。這些共通的原理原則包含了底下幾項：

- 協助學生妥當地使用他們的心智。
- 了解「少即是多」的概念；強調深層的課程內涵。
- 針對每位學生提供學習的目標。
- 具有個人化的教學和學習。
- 實踐一套學生即是學員，老師當作教練的教學方式。
- 強調精熟學習的示範動作。
- 溝通莊重和信任的校風。
- 表達對於整個學校的承諾。
- 把資源投入校園的教學和學習。
- 尊重和示範民主與均等的觀念。

這些原理原則並沒有反映出不同年齡層的特定發展差異，而是說明如果一所學校想要滿足學生在發展上的需求，必須具備的內部結構上的關鍵要素。如果我一定要在這些原理原則中加入一些發展上的要素，那麼就一定是認同在各種不同的發展階段所必須具備的師生關係之間的變化本質了。在幼兒階段，我將會把這階段的師生關係看成*學生就應該是玩樂的那群人，老師就該扮演著協助者的角色*；在小學階段，*學生當作學習者，老師扮演教練的角色*；到了國中階段，*學生就演變成探索者，老師也跟著改變成導引者的角色*；到了高中階段，*學生應該擔任學徒的角色，老師就是他們的輔導者*。最後的這個師生關係實際上承認了高中的學生正在轉型為獨立

自主的成年人，只是年紀稍小一點，在「專業的成年人」陪伴下，就可以用最佳的狀況努力學習，這些專業的成年人可以示範成熟的成年人的思考和行為舉止的模式，也可以示範在某些特定的專業學科領域所該具備的特定專業知識和技能（例如，機械、歷史、戲劇、纖維藝術和哲學等等領域），也就是他們可以傳遞給下一代的專業知識或技能。

144

在高中階段有非常廣泛、各式各樣的學習活動、結構和課程，特別適合高中階段的學生需求，允許學生可以多加練習，逐漸成為獨立的成年人所需要的技能。這些最夯的教學實踐都有共同的元素，就是他們將學生視為逐漸成型的成年人，而不是將他們當作大孩子一樣地對待，同時也了解到對於這些學生來說，最夯的學習環境並不是在一些經過人工精心設計過的教育氛圍，而是在真實世界那種模稜兩可和錯綜複雜的環境。職業認識、戶外教學日、教室模擬和校園邀請來的專家演講——那些在國小階段非常優秀的活動，到了高中階段已經無法滿足學生渴望想要變成這個世界成員的需求。相對的，底下的各種方式至少要有幾項包含在任何一所強調適合發展的高中。

主題本位的磁石學校和特許學校。 有些學校是圍繞著某些特定職業的主題所設計發展出來的，所以包含許多真實世界所需要的真實技能。一個範例就是在紐約州長島市的飛行高中（Aviation High School）。這所學校是這個國家唯一擁有一架小型飛機停放在校園的飛機棚裡的學校。學生在傳統的教室以及專業運作的實習工廠測試、組裝和維修飛機的零件。從這所學校畢業的高中生可以從聯

邦飛行機構（Federal Aviation Administration）獲得正式的證書，有些學生獲得飛機結構（飛機的主體）方面的證書，有些學生獲得飛機動力方面的證書（飛機的引擎）。在西夏威夷探索學院（West Hawaii Explorations Academy）——即夏威夷第一所特許學校，學生投入生態學的研究當作他們的學習焦點。這所學校位於科吶海岸，由火山熔岩所涵蓋的自然能源實驗室（Natural Energy Lab），所以學生投入一些包含了替代能源的發展、研究環境的永續利用和水產養殖方面的專業探究。學生可能可以針對鹽化的池塘提出把池塘鹹水復原回淡水的假說、設計和建立能源效率高的交通工具，或使用連結電腦的探測針來測量野外的氧氣含量和相關的熱能等等（Curtis, 2001b）。在紐約的布魯克林地區，學生在 FDNY 高中（FDNY High School for Fire and Life Safety）學習消防和安全方面的技能。學生和退休的消防隊員相處，練習緊急突發的情境，有機會成為緊急突發狀況的醫療技師，也可以成為消防隊員（要成為消防隊員就需要額外的大學學分數和接受證照考試），或在相關的領域追求進一步的訓練，像是在健康相關的企業、攝影師或建築專業的檢定等等（Zehr, 2005）。

　　職業類型的學業機構。這些類型的學校通常是那種學校裡面的小型學校，允許一小群的學生，大約一百至一百五十人在他們的高中生活經驗中，幾乎只和一群核心團體的老師相處（Kemple & Scott-Clayton, 2004）。學術課程統整在技術課程和運用課程中，並都圍繞在職業的主題上。這類的學業機構通常和社區的工商企業建立建教合作關係，提供一些經費和技術的協助。第一所職業類

145

型的學業機構就是位在費城的愛迪生電學研究高級中學（Electrical Academy at Edison High School），這是由費城電力公司在 1969 年開始支持的職業類型的學業機構。其他職業類型的學業機構則把辦學的焦點集中在寬廣的學科領域範圍，包含汽機車研究、環境相關技術、法規、園藝、電腦、觀光和健康方面。在奧克蘭高職（Oakland Technical High School），大約有一百七十五位學生參加奧克蘭健康和生物科學學術學院（Oakland Health and Bioscience Academy）。學校會為高二學生（譯註：美國的高二相當於國內的高一學生，因為教育制度上的差異，他們的高中屬於四年制的教育）安排職業的輔導導師，然後安排學生在當地的醫院進行一百小時的社區服務。高三的學生則在當地的一些學校輪流擔任課後輔導的工作，接著在高四這一年，許多學生投入課後輔導的實習制度，就可以賺取薪資或學校的學分，或兩者兼顧。多數職業類型的學業機構所開設的課程也都滿足進入四年制的學院和大學的入學要求。

　　實習制度。這項替代方案允許高中學生在一些機構和工商企業的現場直接進行一段時間的實習工作，以便學習一項特定的工業或職業。學生在工作職場的活動可能涵蓋從不同工作要求所累積出來的任務範例，或從單一個職業所要求的許多任務。實習的時間可能發生在學校正常課程當中，或當作放學之後的一個課程，或是在暑假期間的實習制度。他們參與實習的工作可以是義工的性質，或有些經費上的補貼。實習制度可以透過學校的安排，或透過一個實習職業機構，或透過公司或工商企業本身。例如，在北愛達荷地區的湖邊高中（Lakeside High School）的老師在他們學校已經發展六個

146

職業的途徑：商業和行銷、人群和社會服務、科學和工程、生產和工業、藝術和溝通與自然資源。參與自然資源實習的學生學習如何找尋加拿大野雁、北美鴛鴦和藍知更鳥等鳥類的棲息地，並在檢查這些棲息地之後，為這些鳥類的棲息地做清理的工作，而且和植物學家、保育專家與其他行業的專家會面討論，以便學習他們的工作要求，也學習具備哪些條件才能成為美國森林機構的員工（Foemmel, 1997）。

工商企業的進取心。這些學習的活動提供機會讓高中生在教室內或教室以外的地方去設計和運作商業。在內華達州的麥克德莫特地區，有一位電腦老師和五位學生為了要協助學校建立電腦網路系統，卻無法找到價格上負擔得起的網路服務提供者（Internet service provider, ISP），所以他們自己成立一個非營利的 ISP 公司，不僅服務學校裡的七十二台電腦，還提供周遭地區一百六十五戶居民和工商企業的線上服務（Trotter, 2000）。在克羅拉多州歐瑞（Ouray）地區的學生實際上運作了一家廣播電台，叫作 KURA-LP 98.9 FM，這是少數廣播電台中的一台，完全由學生來製作和管理，每天二十四小時，每個星期七天，一整年從不間斷播放的廣播電台。在麻州地區的沙崙高中（Salem High School），學生在地下室經營他們自己創立的小咖啡館──黑貓咖啡館（Wade, 2004）。其實國內有許多全國性組織可以支持學生學習經營商業的各項後勤支援事項，也會支持學生創立他們自己的事業，這些全國性的組織包含了少年人圓夢（Junior Achievement）、美國未來商業領導者（Future Business Leaders of America）、全美分散教育俱樂部

（Distributive Education Clubs of America）和全美未來農夫（Future Farmers of America）。

學徒制度。這是在某些特定的職業領域從學校邁向工作職場的經驗，設計這些經驗的目的是要直接帶領學生邁向高中之後的相關活動、入門的初階工作，或是經過註冊的學徒制度的活動。經過註冊的學徒活動是勞工或學徒從一位雇主或員工那裡學習一項職業的工作要求，這樣的雇主或員工是確實由雇主或勞工聯盟所贊助的結構性活動。例如，威斯康辛州的愛波頓的福克斯城市學徒制度就是這樣的範例。高中三年級和四年級的學生參加福克斯村技術學校每星期兩天的研習，並且在每個星期剩餘的其他三天參與工作職業場所的實際工作來學習印刷這個行業。在為期一整年的期間，學生輪流在一個印刷公司擔任不同的角色，在實際擔負起工作相關的角色之前，學習觀察印刷公司實際運作時的各種面貌。

服務學習。這些學習的活動提供學生義工的位置，在一些非營利的社區組織進行學習；這些非營利的社區組織協助社區環境，照顧小朋友、老年人、病患、貧寒家庭或其他需要協助的人們。他們同時給予學生機會在學校的情境下反思自己的學習經驗，並且嘗試著把服務學習和學校的課業學習連結。舉例來說，在馬里蘭州——強制要求學生在高中畢業之前必須為當地社區提供服務的一個州，學生會清理馬廄、接聽熱線電話（譯註：例如國內的張老師熱線電話。國外的服務學習和國內目前正在高中以上學校推動的服務學習在概念上相差許多。主要是國外的服務學習通常會帶領學生找到服務學習和學校課程之間的關聯性，也不單純是勞力的付

出；相對的，國內的服務學習多數停留在勞動服務的階層，相當可惜）、為一些無家可歸的人們提供羹湯，或是為仁愛之家（Habitat for Humanity）這個組織興建房舍。回過頭來，這些活動將會帶領學生在房舍、貧困、生態和其他重要的社會議題上找出新的興趣、志向和新的問題（Galley, 2003）。

輔導或教導。這些類型的學習活動會把一位學生搭配一位成年人（不管是校園內或校園以外的成年人），這樣的成年人擁有學生渴望精熟學習的知識和技能。所以擔任輔導老師的成年人要教導、批判、教練和挑戰學生的知識和能力，鼓勵學生盡其所能地和學校的要求或學生的雇主保持良好的合作關係。舉例來說，在加州的奧克蘭有個叫梅特西（Met West）的地方，一位醫學方面的技術人員在學生所在的奧克蘭市中心的百老匯寵物醫院為動物注射疫苗、清理寵物房舍、修剪指甲和照顧動物時，給這位學生必要的輔導（Furger, 2004b）。在澳洲的柏克萊峽谷社區高中，學校將學生和社區裡退休與半退休的人們做輔導配對的工作，在一整年的期間，讓學生從這些資深的輔導人員身上進行學習。學生和他們的輔導員每星期碰面一次，並且在一個星期當中透過電話保持連繫，探究職業類別、拜訪工作的場所，並且做調查探究。輔導員需要針對年輕學子的學習做生涯發展的記錄，並且注意打聽是否有適合學生的工作機會，進一步接洽相關工作的可能性。

建教合作。建教合作原先是在 1906 年緣起於俄亥俄州的辛辛那提地區，已經演化成新的面貌，如果不是一個學期在教室的學習和一個學期工作領薪水之間輪替，就是將一整天的學習拆開

148

來——早上在教室進行學習，下午在工作的場所進行另類的學習（Kerka, 1999）。一份書面的評鑑計畫為學生的建教合作經驗做了完整的結構規劃，並且結合學校和工作場所的專業權威在一起。

職業陪伴（Job Shadow）。在這樣的情境底下，一位學生在商業場所跟隨一位員工學習一項特定的工作或事業。工作內容的可能性包羅萬象，可以從幾個小時的一次拜會，到定期的拜會，甚至到更長時間的參與投入。一份針對參與青少年成就的工作陪伴計畫指出，這樣的經驗協助他們對學校教育和獲得一份良好的工作機會、商業世界的錯綜複雜程度，以及在工作場合要如何表現才能夠獲得成功的經驗之間的關係發展出更透徹的理解（Van Dusen & Edmundson, 2003）。

教育的釋放。這些學習的活動允許學生可以從學校缺席，投入真實世界的追求，包含國外的旅行、國外姊妹學校的交換學生計畫、進行傳教士的任務、在其他地點進行學習，或是在工作場合的經驗，來改善學生未來被企業聘用的情況或個人的發展。相當值得玩味的一個發現是，一些相當有威信的學院——像哈佛大學、康乃爾大學和沙拉羅倫學院（Sarah Lawrence；譯註：這所學校位於紐約市區，是一所文理學院著名的學院），通常建議通過入學許可的學生在進入學校就讀之前（通常稱之為「間隔的一年」）花一年的時間去旅行或去工作（Pope, 2005）。

上述所條列的這些學習活動只是高中學生可以獲得高中的學分（有時候可以獲得大學的學分），還可以參與投入真實世界活動的許多機會當中的少數幾項，並且可讓他們學習未來工作的技能。學

業成就信念的支持者可能懷疑那些傾向於遵循學術專業的學生所需要的學業要求，是更高階層的教育培訓，像是法律、醫學、學術研究或自然科學方面的專業培訓，怎麼可能從這些學習活動獲得好處（或找得到這種時間做這些事情）？因為這些學習活動在以往的教育界通常和校園裡那些「低成就的學生」劃上等號（這是學業成就信念的一個詞彙）。真相是許多學生可能根本就不知道他們到底是否應該選擇法律、醫學、自然科學或學術專業方面的高階層訓練，除非他們有機會可以在這樣的機構接受律師、醫師、科學家或大學教授的實習指導、工作陪伴或者輔導諮詢。在我們這個國家的高中出現這些學習的活動，將會協助我們的學生在高中畢業之前，在他們決定哪一類型的更高階教育或工作場合的訓練之前，對於他們未來想要追求的方向有些基本的感受。同時，把高中的學校經驗當作學生走入真實世界所需要扮演的角色做準備的這個觀點，那些覺得被學校教育剝奪受教權的學生、覺得學校的學習非常無聊或和學術課程感覺相當疏遠的學生，或是原本對於學校的教育抱持一種無法滿足他們特殊需求或興趣的學生，將有機會發現他們自己獨特的方式，往成年階段的成功旅程繼續前行。

149

⚽ 進階閱讀

1. 請找尋在過去十年當中，轟動全國，發生在高中校園的暴力事件。當你對於暴力事件的施暴者有更多的發現之後，請注意他們是在哪一類型的高中求學、他們選擇哪些類型的學校課程，

以及他們和同儕、老師和行政人員之間有什麼樣的人際關係。這些高中比較偏向學業成就方面的運作，或是比較偏向人類發展的方向運作呢？根據你對於這些學校的調查和研究之後，你對於國內的高中應該如何進行改革有何省思呢？

2. 訪問兩位或三位高中生，了解他們在高中的校園經驗。他們喜歡哪些課程？討厭哪些課程？他們有多麼關心學業成績等第和測驗的分數呢？他們對於高中畢業後的工作或學習有什麼樣的規劃呢？他們對於五年之後的自己抱持何種觀點？十年之後的他們呢？根據你訪問他們的高中學習經驗，你會有何反省呢？從這些訪問，你對於學生在高中階段的校園生活是否可以做出一些推論呢？

3. 回想你自己在高中的學習經驗。當時的你對於未來有哪些類型的計畫呢？根據那些計畫，你為自己的高中生活做了哪些類型的準備工作呢？你是否從老師、行政人員、諮商輔導員或其他師長身上獲得鼓勵或支持呢？你在高中時期為未來所做的規劃和你在成年階段真實發生的事情是否一致呢？你的高中給你的訓練是否讓你感受到那樣的訓練足夠讓你在真實的世界獨立自主的生活呢？你為何會有哪樣的想法呢？從你自己的高中經驗，你推論現在那些在高中求學的學生應該需要哪一類型的高中教育呢？

4. 在你所居住的社區拜訪一所或多所高中，實際去調查這些高中正在進行哪些適合發展的教學實踐是本章所呈現的呢？在這些高中當中，是否有某些學校比較偏向人類發展信念的辦學焦

150

點，而另外一些學校比較偏向學業成就信念的辦學方向呢？哪些因素讓某些高中比較傾向於學業成就信念的辦學，而哪些因素讓另外一些高中比較傾向於人類發展信念呢？

5. 設計一個你理想中適合發展的高中。哪些類型的學習計畫、課程和活動將會在這樣的校園裡進行呢？這樣的校園如何和附近的社區、州政府、全國性和國際性的組織和企業界結盟呢？對於這樣的學校，你對於老師的角色有哪樣的展望呢？要怎樣在你的社區啟動這樣的高中教育呢？

 結　論

　　那些跟隨我的論點一路閱讀到這本書最後面這裡的讀者毫無疑　　
問的應該會對我在這本書所提出的許多觀點有些疑問。這是可以理
解的，至少我了解自己挑戰了許多學校應該如何架構的基本信念。
我原本就期望讀者會有這些問題，並且樂意提供一些合宜的回應。

　　在許多教育界同仁的腦海不斷迴旋類似這樣的一個問題：「在
你所提到的這些學校當中，你提到許多超級夯的教育實踐，不過
你是否可以擔保這些學校同樣也提升了他們在標準化測驗的分數
呢？」我擔心的是我在回應你們提出來的這個問題時，會讓你們
失望，那就是：「我還沒有檢視過，而且我並不特別想去找出這樣
的答案。」非常可能發生的事情是他們已經改善學生在標準化測驗
的表現了，不過，我個人並不是那麼特別關注這樣的問題，主要是
因為這樣的問題，基本上是一個逼迫我必須使用學業成就信念的用
語回答這個問題的迂迴方式。是的，基本上我可以在前面六章節的
文字說明之後，在最後一章說：「或許你們當中有些人對於我在這

152 本書所提出的觀點感到緊張，所以在接下來這一章呈現一些統計資料，讓你了解你一方面可以提升孩童的成長和發展，另一方面**仍然**可以提高他們在標準化測驗的成就，並且保持足夠的年成長率（譯註：足夠的年成長率是 NCLB 法規規定，每一所學校可以自己設定在 2014 年之前的幾年內，學生在接受標準化測驗的表現是逐年提升，抑或是先緩慢改變，然後在最後一年表現突飛猛進）。」我並沒有刻意寫這樣一個章節，主要是因為這樣的作為將會傳遞一個訊息，那就是在教育方面推動人類發展的目的，**只有在**提升學生學業成就時才有它的重要意義。這樣將會讓我陷入學業成就信念的語文（譯註：近來有美國的藝術教育專家提到，藝術教育可以同時兼顧學生在數理方面的成就提升，所以學校不可以在面對 NCLB 的法規要求時，犧牲藝術教育。這樣的論點就陷入作者提到的觀點：藝術教育的目的是為了其他領域的學習成就的提升，不是單純就藝術教育本身的價值。相對的，我們不會聽到有語文教育專家提到語文教育可以同步提升科學教育的素養，所以國家不可以偏廢語文教育，論點是相似的）。

我在這本書所提出來的觀點是認為我們已經投入過多的教育實踐在討論這一類的信念；我們有必要嘗試使用一種不同的語文方式——人類發展的語文——來進行討論，才有機會獲得令人耳目一新的改變。確實沒有錯，我知道有些教育界的夥伴全心投入的領域，已經傑出地把人類發展的議題和學業成就的目標完整地整合在一起（相關範例請參考 Comer, 2004）。而且我確信這兩種不同的信念終究需要做某種程度的整合。不過這兩種信念在教育市場都被

完整地探索前，我們是無法獲得這樣的和解或整合的。對我來說，有一個清楚明白的訊息，那就是學業成就的信念在教育界的所有對話幾乎是一面倒地占盡優勢，它那龐大的聲音處處打壓著人類發展的信念，讓人們幾乎沒有機會可以接觸到人類發展的信念。如果我們能夠完全停止使用學業成就信念的用語幾年，並且在教育方面的任何討論都只透過人類發展的那些偉大思想家的觀點來進行，我懷疑也唯有在那樣的情況下，我們才會開始看到這兩種信念之間有真實的平等關係出現。

　　我們大致上可以把另一個值得一提的問題用底下的方式來呈現：「阿姆斯壯博士，你這裡提到的人類發展那種模式，以及你所推薦的那些教育實踐都非常夯，對於那些在學業方面已經有成就的學生都很好。不過對於其他的學生──大多數都來自於貧窮的家庭和少數族群的小孩──在學業方面一路落後，我們該如何教育他們才好呢？為了要讓他們能夠跟上其他同學的程度，並且享有相同的機會，可以在這個競爭激烈的真實世界獲得一份還可以的工作，你提到的這種聚焦於人類發展和忽略學業成就與測驗成績的做法是否會帶給他們更多的傷害呢？」這是一個「縮小成就差異」的問題。在過去四十多年，就是這樣的論點暗地裡推動教育政策的文辭，也協助政府的教育主管通過「把每個孩子帶上來」的法規。也是這個論點給予了學業成就信念的支持者更多的合法地位和道德上的正當理由。不過，這種論點有些嚴重的瑕疵。首先，前述所提到的差異通常定義為學生接受測驗的得分結果，所以也就意味著我們只需要提升那些表現比較差的學生在標準化測驗的得分和表現優秀

153

的學生一致，那麼就達成原先設定的目標了。這就是「縮小成就差異」在字面上的真實意義。不過，這是以一種很膚淺的方式來回應一個具有深度和錯綜複雜的問題，是一個牽涉到社會、種族和經濟不公平的問題，也存在於我們這個社會體制的核心價值。真正存在於教育的差異，早就在喬納森·柯柔（Jonathan Kozol, 1992, 2005）的文章中，清楚地說明過了，他大聲疾呼那些在貧窮地區和少數族群群居的學校並沒有足夠的預算、素材、資源、訓練和內部結構，可以和那些在富裕地區的學區相抗衡，而這些在富裕地區的學校也正是這個國家在標準化測驗中獲得高成就的學校。因此，不管在學業或其他方面，來自貧窮的學校學區根本就沒有任何立場可以和那些富裕地區的學校學區相互抗衡。

這是一個公平、公正的問題，並不是測驗的結果。貧窮的學生和少數族群的學生也應該享有和這本書所描繪的那些富裕的白人小孩所享有的高品質學習經驗。他們獲得一些不適合發展的教育實踐，像是強行施加在他們身上的測驗卷和無趣的教科書，政客認為可以透過這些測驗卷來縮小他們和富裕地區的學生在標準化測驗的差異表現。不過柯柔建議，這些學生極不可能在法規的強制要求下獲得這些額外的資源。這些嘗試要「縮小成就差異」的努力很可能最後得到的結果正好適得其反。例如，最近有些人針對「把每個孩子帶上來」的法規進行某些修改上討論，因為他們發現這樣的法規對於白種人的學童所帶來的好處遠比對於少數族群的學生來得多（Sunderman, 2006）。

　　同時我也想要看看「秀給我看，值多少錢」的問題，我認為那是我在這本書最想要挑戰的觀點。這問題看起來有點像是這樣的：「你在這本書提到，我們不該抱持以前對待學業成就的那種嚴肅態度。不過明明就是有一堆統計資料說明，學生在高中畢業之後如果接受的學業訓練愈多，他們在未來的人生旅途所能夠賺取的金錢就愈多。你那種避開學業成就而偏好人類發展的論點是否會剝奪許多學生潛在的可能，讓他們在未來的人生旅途減少成千上萬的收入，就只為了要符合你那種人類發展的信念，而不肯認真面對學業成就信念，好好地在學校求學呢？」首先，允許我說明，我的觀點並**不是**說學生在高中畢業之後，不該追求教育方面的探究。我很清楚地了解在高等教育和年收入之間的相關統計資料（U.S. Census Bureau, 2002）。我百分百絕對支持學生在高中畢業之後，應該繼續接受他們認為可以完成個人和專業目標的任何教育或訓練。

154

　　問題在於我們在學生前十二年的求學生涯中，創造了一個強調教育並非自我實現的方法，而是獲取高分的一種手段，所以這個問題讓許多學童必須在前面的十二年面對學校學習的挫折，因此之後也就完全放棄學校教育了（譯註：翻譯至此，我只能夠佩服作者的觀點。到目前為止，在高等教育任教超過十五年，經常看到國內大學生那種頹廢、不肯學習的態度，基本上就是前面九年，乃至於十二年的教育所帶來的殘害）。如果學生因為課程既沒有滿足他們個人在發展上的需求，也沒有考慮到他們成長為一個獨特的人這一方面的需求而中輟高中教育，那麼他們在未來的人生旅途當中，幾

乎就注定在薪資的排行榜上倒數排名。同樣的,如果我們在學生處於高中的求學階段時強調的是他們在測驗上的成績表現,而忽略了要去協助他們理解自己的潛能和志向或抱負,那麼許多學生在進入大學之後,將會同樣感受到自己的學習權益被剝奪了,所以在完成大學學業之前就中輟退學了。人類發展信念關注的是要協助學生理解他們自己的發展(他們以往的樣貌、現在的狀況,以及在未來的生活所可能呈現的樣子),所以他們在完成高中教育,要進一步決定更高一層的教育和職業的選擇時,將會和他們的內在需求相互呼應。如果我們遵循的是「秀給我看,值多少錢」的論述,那麼教師和學校的行政人員就應該鼓勵所有的學生都進入專業的學校(例如,醫學院、法學院等等的高收入的學院),因為統計資料顯示這類的學校教育和最高的薪資收入有密切關聯。因為我們了解到每一個人都不一樣,也都有不同的志向和抱負、不同的需求、不同的興趣和不同的能力,所以我們不會做這樣的要求(或至少我們多數的人不會作這樣無理的要求)。感謝上天給我們這樣的多樣性,要不然我們這個社會將會單純只由醫生和律師所組成而已!是的,金錢確實很棒,金錢確實重要,不過還有一些我們稱之為價值的其他事項——誠實、正直的風骨、勇氣、信任、博愛的利他主義、美麗、合作、同情、希望——才是讓我們的生活值得深入探究的品質,也值得我們細細思量,把它們當作教育過程當中最重要的目標。

最後,我想要針對當代的文化和它與教育的關係做一些省思。我們不需要社會科學家來告訴我們這個社會和整個世界目前正有許

155

多社會病態像疫情一樣地散播著：貧窮、不公不義、暴力現象、飢餓、歧視和偏見、戰爭與疾病等等。你還可以繼續增添上面的清單；不管如何，我們都需要去面對這些社會病態。我們同時也把這些社會病態繼續傳遞給下一代。我們該如何協助孩子為這些問題做好適當的準備呢？我們應該讓這些學生為了下星期即將舉辦的測驗擔憂到死嗎？威脅他們說，如果他們沒有好好地鍛鍊身體，沒有把化學的週期表牢牢地記住，就不能夠畢業嗎？如果他們沒有把成績搞好，就要把他們最喜歡的活動取消嗎？在他們三歲大的時候，把他們從沙坑強行拖走，然後把他們重重地摔到電腦中心嗎？這裡所列舉的項目只是學業成就信念施加在可憐的學生身上的少數幾項，不過這群學生也正好就是我們指望能夠為未來開創一個和平、富裕和均等的社會的那群學生。

　　誠如我在其他地方所指出的（Armstrong, 1998），教育界真實的求生技能，就是我們所提供給學生讓他們能夠把人類持續演化成一個物種的教育的那些技能。學業成就信念無法跟得上時代的腳步，無法為我們的下一代提供謀生技能所必需的能力。唯有當我們從這個狹隘的觀點退一步，然後從我們學生完整的發展來看待他們（他們的過往、現在和未來），並且將我們當作教育界夥伴的任務看成是要支持他們的發展時，我們才有一個大好機會可以保護這個地球，並且將它轉型成為對人類和其他生命都安全無虞的地方。

附　錄
Appendix

人類發展相關研究
應該如何融入教育實踐的摘要

人類發展相關研究究應該如何告知教育實踐的摘要

學校階層	年齡	最佳的教育情境	關鍵的焦點	腦神經科學研究基礎	文化上的蛛絲馬跡	強調的課程	發展上最合宜的評量方式	師生之間的關係
幼兒教育	3-6	遊戲的空間	遊戲	豐富的樹狀突的連結，環境刺激對於突觸發展的影響	通常孩童在7歲之前不需要負責任	豐富的感官經驗，開放式的想像遊戲	觀察或記錄自發性的遊戲經驗	學生為遊戲者，老師擔任促進者或協助者
國民小學	7-10	兒童博物館	學習認識這個世界是如何運作的	突觸的成長受到文化的修飾	正規技能培訓	學習認識符號系統、文化習俗、規矩、制度和自然世界	根據專題學習方式進行實作評量（準則評量、自比性的測量）	學生為工作者／學習者，老師是教練
國中或初中	11-14	具有療效的周圍環境	社交、情緒和後設認知的學習	邊緣系統成熟，額葉的成熟度還不夠	成年禮的儀式（青春期）的儀式	情感教育，情緒智商的發展、小組合作的任務	自我評鑑（日誌或專題），師生共同檢視作業、同儕的評論	學生是探索者，老師擔任導遊
高中	15-18	學徒見習制度	準備在真實的世界獨立自主的過活	額葉逐漸發展	接受成年人的角色和對應的責任	生涯準備和發展	檔案、證照的考試和大學入學考試	學生為學徒，老師擔任指導員

學校階段	年齡	實現過程可能遭遇的主要障礙	沒有使用合宜教育模式的失敗結果	教學的工具	真實的學校範例	誤用發展目標的範圍	一個學科領域該如何教導的範例（例如：閱讀）
幼兒教育	3-6	快速推進發展時間表、不合宜的學業成就模式、使用遊戲活動遞漸退讓、增加科技運用	望子成龍症候群、壓力症狀（影響學習、專注力和集中精神的可能性）	遊戲屋、遊樂場、動手操作的感官探索活動、服裝容著打扮、戲劇和積木遊戲	加州的羅斯維爾地區的羅斯維爾幼稚園	放任、沒有監督的遊戲環境	不直接教導，只把學生暴露在許多文字和書籍裡，這些書籍放在遊戲空間中
國民小學	7-10	聚焦在標準化測驗和紙筆的學習	學習障礙、注意力不集中、學校管教的問題	學習中心、戶外教學、主題教學、專題導向的學習和模擬活動	麻州的羅威爾市的羅威爾社會型社會學校（MicroSociety）	非結構式的活動、本位學習計畫、有少許的學習成果	豐富的文學、本位、語文本位的文學素養計畫（把對於發音的了解作為整體學習一部分）
國中或初中	11-14	為了學術型大學和學業成就作準備的壓力	幫派、校園暴力、冷漠無情的校園文化、毒品的使用	主動學習、學習社群、情感／社交方面的學習、後設認知的策略	紐約州的克拉克森發現學校	營利取向的整體環境、與使用處罰方式管理學生的治療計畫	為了發現自我而閱讀、同儕閱讀、小組、後設認知的閱讀策略
高中	15-18	為了四年制大學準備所面臨的壓力	幫派、校園暴力、冷漠無情的校園文化、毒品的使用	學徒制度、見習或實習、建教合作、生涯規畫輔導	紐約長島地區的航空型高中	沒有監督的工作經驗	為了享受、工作的角色和大學的準備而閱讀

參考文獻 *References*

Adams, R. (2001, August). Writing wrongs, business letters give students a voice in world affairs. *Middle Ground, 5*(1), 36–37.

Alexander, W. M. (1995, January). The junior high school: A changing view. *Middle School Journal, 26*(3), 20–24.

Alliance for Childhood. (2000). *Fool's gold: A critical look at computers in childhood*. College Park, MD: Author. Available: www.allianceforchild hood.net/projects/computers/computers_reports.htm

Almon, J. (2004). Educating for creative thinking: The Waldorf approach. [Online article]. Available: www.waldorfearlychildhood.org/article. asp?id=8

Ambrosio, A. (2003, Fall). Unacceptable: My school and my students are labeled as failures. *Rethinking Schools Online, 18*(1). Available: www. rethinkingschools.org

American Institutes for Research. (2005). *CSRQ Center report on elementary school comprehensive school reform models*. Washington, DC: The Comprehensive School Reform Quality Center.

Anderman, L. H., & Midgley, C. (1998). *Motivation and middle school students*. (Report No. EDO-PS-98-5). Champaign, IL: ERIC Clearinghouse on Elementary and Early Childhood Education. (ERIC Document Reproduction Service No. ED4211281)

Appelsies, A., & Fairbanks, C. M. (1997, May). Write for your life. *Educational Leadership, 54*(8), 70–72.

Archer, J. (2005, August 31). Connecticut files court challenge to NCLB. *Education Week, 25*(1), 23, 27.

Aristotle. (1958). *The pocket Aristotle* (J. D. Kaplan, Ed.). New York: Simon & Schuster.

Armstrong, S. (2001, September 1). Turning the tables—Students teach teachers. *Edutopia Online*. Available: www.edutopia.org/php/article. php?id=Art_797

Armstrong, T. (1988, August). Lessons in wonder. *Parenting*, 44–46.

Armstrong, T. (1990, March). But does it compute? *Parenting*, 27–29.

Armstrong, T. (1991). *Awakening your child's natural genius*. New York: Tarcher/Putnam.

Armstrong, T. (1997). *The myth of the A.D.D. child: 50 ways to improve your child's behavior and attention span without drugs, labels, or coercion*. New York: Plume.

Armstrong, T. (1998). *Awakening genius in the classroom*. Alexandria, VA: Association for Supervision and Curriculum Development.

Armstrong, T. (2000a). *In their own way: Discovering and encouraging your child's multiple intelligences* (Rev. & updated). New York: Penguin/Tarcher.

Armstrong, T. (2000b). *Multiple intelligences in the classroom* (2nd ed.). Alexandria, VA: Association for Supervision and Curriculum Development.

Armstrong, T. (2003a). *ADD/ADHD alternatives in the classroom*. Alexandria, VA: Association for Supervision and Curriculum Development.

Armstrong, T. (2003b). Attention deficit hyperactivity disorder in children: One consequence of the rise of technologies and demise of play? In S. Olfman (Ed.), *All work and no play: How educational reforms are harming our preschoolers* (pp. 161–176). Westport, CT: Praeger.

Armstrong, T. (2005). Canaries in the coal mine: The symptoms of children labeled "ADHD" as biocultural feedback. In G. Lloyd (Ed.), *Critical new perspectives on attention deficit/hyperactivity disorder* (pp. 34–44). London: Routledge.

Association of California School Administrators. (2003, June 9). No Child Left Behind: Middle-grade leaders take a stand on NCLB. *ACSA Online*. Available: www.acsa.org

Association of Children's Museums. (2003, May 2). Whether with public schools, childcare providers or transit authorities, children's museums partner creatively with their communities [Online news release]. Available: www.childrensmuseums.org

Auden, W. H., & Pearson, N. H. (Eds.). (1977). *The portable romantic poets.* New York: Penguin.

Ball, A. (2003, June 2). Geo-literacy: Forging new ground. *Edutopia Online*. Available: www.edutopia.org/php/article.php?id=Art_1042

Ball, A. (2004, December 15). Swamped: Louisiana students become wetlands custodians. *Edutopia Online*. Available: www.edutopia.org/php/article.php?id=Art_1028

Baron-Cohen, S. (1996, June). Is there a normal phase of synaesthesia in development? *Psyche, 2*(27). Available: http://psyche.cs.monash.edu.au/v2/psyche-2-27-baron_cohen.html

Bartlett, J. (1919). *Familiar Quotations, 10th edition.* Boston: Little, Brown.

Bergman, I. (1988). *The magic lantern.* New York: Penguin.

Berliner, D. C. (1993). The 100-year journey of educational psychology: From interest, to disdain, to respect for practice. In T. K. Fagan & G. R. VandenBos (Eds.), *Exploring applied psychology: Origins and critical analyses* (pp. 41–48). (Master Lectures in Psychology). Washington, DC: American Psychological Association.

Bettelheim, B. (1989). *The uses of enchantment: The meaning and importance of fairy tales.* New York: Vintage.

Bishop, P. A., & Pflaum, S. W. (2005, March). Student perceptions of action, relevance, and pace. *Middle School Journal, 36*(4), 4–12. Available: www.nmsa.org/Publications/MiddleSchoolJournal/March2005/Article1/tabid/124/Default.aspx

Blumenfeld, P. C., Soloway, E., Marx, R., Krajcik, J. S., Guzdial, M., & Palincsar, A. (1991). Motivating project-based learning: Sustaining the doing, supporting the learning. *Educational Psychologist, 26*(3 & 4), 369–398.

Blythe, T., White, N., & Gardner, H. (1995). *Teaching practical intelligence: What research tells us.* West Lafayette, IL: Kappa Delta Pi.

Bogdan, R. C., & Bicklen, S. K. (1998). *Qualitative research for education: An introduction to theory and methods* (3rd ed.). Boston: Allyn and Bacon.

Born, L., Shea, A., & Steiner, M. (2002). The roots of depression in adolescent girls: Is menarche the key? *Current Psychiatry Reports, 4,* 449–460.

Bos, B., & Chapman, J. (2005). *Tumbling over the edge: A rant for children's play.* Roseville, CA: Turn the Page Press.

Brandt, R. (1993, April). On teaching for understanding: A conversation with Howard Gardner. *Educational Leadership, 50*(7), 4–7.

Brewster, D. (2005). *Memoirs of the life, writings, and discoveries of Isaac Newton.* Boston: Elibron Classics.

Bruccoli, M. J., & Layman, R. (1994). 1950's education: Overview. *American Decades.* Retrieved July 6, 2006, from http://history.enotes.com/1950-education-american-decades/overview

Bruner, J. (2004). *Toward a theory of instruction.* Cambridge, MA: Belknap Press.

Burbank Elementary School (Hampton, Virginia). (n.d.). Kindergarten homework [Web page]. Retrieved December 12, 2005, from http://bur.sbo.hampton.k12.va.us/pages/KindergartenWebpage/Homework/Homework.html

Carr, S. (2003, September 28). Growing pains: Public Montessori schools still learning [Online article]. *JSOnline: Milwaukee Journal Sentinel,* Available: www.jsonline.com/story/index.aspx?id=173186

Carr, S. (2004, April 4). Blocks, nap time giving way to language and reading programs [Online article]. *JSOnline: Milwaukee Journal Sentinel.* Available: www.jsonline.com/story/index.aspx?id=219303

Casals, P. (1981). *Joys and sorrows: His own story. Pablo Casals as told to Robert E. Kahn.* London: Eel Pie Publishing.

CBS News. (2004, August 25). The "Texas miracle." *60 minutes II*, New York: CBS. Available: www.cbsnews.com/stories/2004/01/06/60II/main591676.shtml

Center on Education Policy. (2005, June). *NCLB: Middle schools are increasingly targeted for improvement.* Washington, DC: Author.

Chugani, H. T. (1998, November). Critical importance of emotional development: Biological basis of emotions: Brain systems and brain development. *Pediatrics, 102*(5), 1225–1229.

Chukovsky, K. (1963). *From two to five.* Berkeley, CA: University of California Press.

Civil Rights Project at Harvard University, The. (2000). *Opportunities suspended: The devastating consequences of zero tolerance and school discipline policies.* Cambridge, MA: The Civil Rights Project at Harvard.

CNN. (1999, August 20). Study: Bullying rampant in U.S. middle schools [Online article]. Available: www.cnn.com/US/9908/20/bullies/index.html

Cole, K. C. (1988, November 30). Play, by definition, suspends the rules. *The New York Times,* p. C16.

Coles, G. (2003, Summer). Learning to read and the "W principle" [Online article]. *Rethinking Schools Online, 17*(4). Available: www.rethinking schools.org/special-reports/bushplan/wpri174.shtml

Coles, R. (1991). *The spiritual life of children.* New York: Marriner.

Coles, R. (2000). *The moral life of children.* New York: Atlantic Monthly Press.

Coles, R. (2003). *Children of crisis.* Boston: Back Bay Books.

Colt, S. (2005, September). Do scripted lessons work—or not? [Online article]. Chevy Chase, MD: Hedrick Smith Productions. Available: www.pbs.org/makingschoolswork/sbs/sfa/lessons.html

Comer, J. (2004). *Leave no child behind: Preparing today's youth for tomorrow's world.* New Haven, CT: Yale University Press.

Comte, A. (1988). *Introduction to positive philosophy* (F. Ferré, Ed. & Rev. Trans.). Indianapolis, IN: Hackett. (Original work published in 1830–42)

Cotton, K. (2001, December). *New small learning communities: Findings from recent literature.* Portland, OR: NWREL.

Csikszentmihalyi, M. (2000, April 19). Education for the 21st century. *Education Week, 19*(32), 46–64.

Cuffaro, H. K. (1984). Microcomputers in education: Why is earlier better? *Teachers College Record, 85,* 559–568.

Currie, J., & Thomas, D. (1995, June). Does Head Start make a difference? *American Economic Review, 85*(3), 341–364.

Curtis, D. (2001a, February 22). We're here to raise kids [Online article]. *Edutopia Online*. Available: www.edutopia.org/php/article. php?id=Art_666

Curtis, D. (2001b, November 1). Classrooms without boundaries [Online article]. *Edutopia Online*. Available: www.edutopia.org/php/article. php?id=Art_885

Cushman, K. (1989, November). At the five-year mark: The challenge of being "Essential" [Online article]. *Horace, 6*(1). Available: www. essentialschools.org/cs/resources/view/ces_res/76

Delisio, E. R. (2001, July 17). How do you spell "stress relief"? [Online article]. *Education World*. Available: www.educationworld.com/a_issues/ issues/issues181.shtml

Denzin, N., & Lincoln, Y. (Eds.). (2005). *The Sage book of qualitative research* (3rd ed.). Thousand Oaks, CA: Sage.

DeVoe, J. F., Peter, K., Kaufman, P., Ruddy, S., Miller, A., Planty, M., et al. (2002, November). *Indicators of school crime and safety: 2002*. Washington, DC: U.S. Departments of Education and Justice.

Dewey, J. (1897, January). My pedagogic creed. *School Journal, 54,* 77–80.

Diamond, M., & Hopson, J. (1998). *Magic trees of the mind: How to nurture your child's intelligence, creativity, and healthy emotions from birth through adolescence*. New York: Dutton.

Dickens, C. (1981). *Hard times*. New York: Bantam.

Dickinson, B. (2001, October 26). Partnership helps local students MUSCLE into math. *Duke* [University] *Dialogue*, p. 12.

Dillon, S. (2006, January 22). College aid plan widens U.S. role in high schools. *The New York Times*, p. 1.

Doda, N. M. (2002). A small miracle in the early years: The Lincoln Middle School story. In N. M. Doda & S. C. Thompson (Eds.), *Transforming ourselves, transforming schools: Middle school change* (pp. 21–42). Westerville, OH: National Middle School Association.

Duckworth, E. (1979, August). Either we're too early and they can't learn it or we're too late and they know it already: The dilemma of applying Piaget. *Harvard Educational Review, 49*(3), 297–312.

Dukcevich, D. (2003, July 28). College vs. no college [Online article]. *Forbes.com*. Available: www.forbes.com/2003/07/28/cx_dd_0728 mondaymatch.html

Edwards, C., Gandini, L., & Foreman, G. (1998). *The hundred languages of children: The Reggio Emilia approach—Advanced reflections*. Greenwich, CT: Ablex.

Eliade, M. (1994). *Rites and symbols of initiation: The mysteries of birth and rebirth*. Dallas, TX: Spring.

Elkind, D. (1987). *Miseducation: Preschoolers at risk*. New York: Knopf.

Elkind, D. (1997). *All grown up and no place to go: Teenagers in crisis*. New York: Perseus.

Elkind, D. (2001a). *The hurried child* (3rd ed.). New York: Perseus.

Elkind, D. (2001b, Summer). Much too early. *Education Next, 1*(2), 9–15.

Engelmann, S. (1981). *Give your child a superior mind: A program for the preschool child*. New York: Cornerstone Library.

Engelmann, S., Haddox, P., & Bruner, E. (1983). *Teach your child to read in 100 easy lessons*. Old Tappan, NJ: Fireside.

Epicurus. (1994). *The Epicurus reader: Selected writings and testimonia* (B. Inwood & L. P. Gerson, Eds. & Trans.). Indianapolis, IN: Hackett.

Erikson, E. H. (1935). Psychoanalysis and the future of education. *Psychoanalytic Quarterly, 4,* 50–68.

Erikson, E. H. (1993). *Childhood and society*. New York: W. W. Norton.

FairTest. (2004). *Fact Sheet: "No Child Left Behind" after three years: An ongoing track record of failure*. Cambridge, MA: Author.

Feller, B. (2005, August 28). In today's kindergarten, more students in for a full day. Associated Press Wire Release.

Finser, T. (1994). *School as a journey*. Hudson, NY: Anthroposophic Press.

Flavell, J. (1963). *The developmental psychology of Jean Piaget*. San Francisco: Van Nostrand Reinholt/John Wiley.

Flesch, R. (1986). *Why Johnny can't read: And what you can do about it*. New York: Harper.

Foemmel, E. (1997). *Natural resource management internship*. NW National Service Symposium, NWREL, Portland, OR.

Freud, S. (2000). *Three essays on the theory of sexuality* (J. Strachey, Trans. & Rev.). New York: Basic Books. (Original work published in 1905)

Froebel, F. (1887). *The education of man*. New York: Appleton & Co.

Furger, R. (2001, August 1). The new P.E. curriculum [Online article]. *Edutopia Online*. Available: www.edutopia.org/php/article.php?id=Art_838

Furger, R. (2004a, March 11). The edible schoolyard [Online article]. *Edutopia Online*. Available: www.edutopia.org/php/article.php?id=Art_1131

Furger, R. (2004b, November/December). High school's new face [Online article]. *Edutopia Online*. Available: www.edutopia.org/magazine/ed1article.php?id=Art_1197&issue=nov_04

Furlow, B. (2001, June 9). Play's the thing. *New Scientist, 170*(2294), 28–31.

Galileo, G. (2001). *Dialogue concerning the two chief world systems* (S. Drake, Trans.). New York: Modern Library. (Original work published in 1632)

Galley, M. (2003, October 15). Md. Service Learning: Classroom link weak? *Education Week, 23*(7), 6.

Gambill, J. (2005). *Interesting insects: 2nd grade.* Paper presented at the Core Knowledge National Conference, Philadelphia, PA. Available: www.coreknowledge.org/CK/resrcs/lessons/05_2_InterestInsects.pdf

Gao, H. (2005, April 11). Kindergarten or "kindergrind"? School getting tougher for kids. *San Diego Union Tribune.*

Gardner, H. (1991). *Art education and human development.* Los Angeles: Getty Trust Publications.

Gardner, H. (1993). *Frames of mind: The theory of multiple intelligences.* New York: Basic Books.

Gardner, H. (1994). Reinventing our schools: A conversation with Dr. Howard Gardner. [Video]. Bloomington, IN: AIT.

Gates, B. (2005, February 26). *Prepared remarks by Bill Gates, co-chair, National Education Summit on High Schools.* Seattle, WA: Bill and Melinda Gates Foundation. Available: www.gatesfoundation.org/MediaCenter/Speeches/BillgSpeeches/BGSpeechNGA-050226.htm

George Lucas Educational Foundation. (1997, July 1). Right of passage. *Edutopia Online.* Available: www.edutopia.org/php/article.php?id=Art_364

George, R., & Hagemeister, M. (2002). *Russia and the czars: Grade 5.* Core Knowledge Conference, Nashville, TN. Available: www.coreknowledge.org/CK/resrcs/lessons/02_5_RussiaandCzars.pdf

Giedd, J. N. (2004). Structural magnetic resonance imaging of the adolescent brain. *Annals of the New York Academy of Sciences, 1021,* 77–85.

Giedd, J. N., Blumenthal, J., Jeffries, N. O., Castellanos, F. X., Liu, H., Zijdenbos, A., et al. (1999, October). Brain development during childhood and adolescence: A longitudinal MRI study. *Nature Neuroscience, 2*(10), 861–863.

Giedd, J. N., Vaituzis, A. C., Hamburger, S. D., Lange, N., Rajapakse, J. C., Kaysen, D., et al. (1996, March). Quantitative MRI of the temporal lobe, amygdala, and hippocampus in normal human development: Ages 4–18 years. *The Journal of Comparative Neurology, 366*(2), 223–230.

Giray, E. F., Altkin, W. M., Vaught, G. M., & Roodin, P. A. (1976, December). The incidence of eidetic imagery as a function of age. *Child Development, 47*(4), 1207–1210.

Glasser, W. (1975). *Schools without failure.* New York: Harper.

Goertzel, V., Goertzel, M., Goertzel, T., & Hansen, A. (2004). *Cradles of eminence: Childhoods of more than 700 famous men and women.* Scottsdale, AZ: Great Potential Press.

Goethe, J. W. von (1989). *The sorrows of young Werther.* New York: Penguin. (Original work published in 1774)

Goldstein, L. F. (2003, April 16). Special education growth spurs cap plan in pending IDEA. *Education Week, 22*(31), 1, 16–17.

Goleman, D. (1997). *Emotional intelligence: Why it can matter more than I.Q.* New York: Bantam.

Goodall, J., & Berman, P. (2000). *Reason for hope: A spiritual journey.* New York: Warner.

Goodman, K. (2005). *What's whole about whole language* (20th anniversary ed.). Muskegon, MI: RDR Books.

Gould, S. J. (1996). *The mismeasure of man.* New York: W. W. Norton.

Halberstam, D. (1993). *The best and the brightest.* New York: Ballantine.

Hansen, L. A. (1998, March/April). Where we play and who we are. *Illinois Parks and Recreation, 29*(2), 22–25.

Harvard Project Zero. (2006). *Active learning practices for schools: Teaching for understanding picture of practice: A year of 8th grade science with Bill McWeeny* [Online resource]. Available: http://learnweb.harvard.edu/alps/tfu/pop3.cfm

Healy, J. M. (1999). *Failure to connect: How computers affect our children's minds—and what we can do about it.* New York: Simon & Schuster.

Henry J. Kaiser Family Foundation. (2004). *Sex education in America.* Menlo Park, CA: Author.

Herbst, J. (1996). *The once and future school: Three hundred and fifty years of American secondary education.* London: Routledge.

Herlihy, C. M., & Kemple, J. J. (2004, December). *The talent development middle school model: Context, components, and initial impacts on students' performance and attendance.* New York: MDRC.

Higgins, L. (2005, January 3). A different way to learn [Online article]. *Detroit Free Press.* Available: www.freep.com/news/education/micro3e_20050103.htm

Hirsch, E. D., Jr. (1988). *Cultural literacy: What every American needs to know.* New York: Vintage.

Hirsch, E. D., Jr. (1999). *The schools we need and why we don't have them.* New York: Anchor.

Hoffman, E. (1994). *The drive for self: Alfred Adler and the founding of individual psychology.* Reading, MA: Addison-Wesley.

Holt, J. (1995). *How children fail.* New York: Perseus.

Huizinga, J. (1986). *Homo ludens.* Boston: Beacon Press.

Husserl, E. (1970). *The crisis of European sciences and transcendental phenomenology.* Evanston, IL: Northwestern University Press.

Illingsworth, R. S., & Illingsworth, C. M. (1969). *Lessons from childhood: Some aspects of the early life of unusual men and women.* London: E. & S. Livingstone.

Jackson, A. W., & Davis, G. A. (2000). *Turning points 2000: Educating adolescents in the 21st century*. New York: Teachers College Press.

Jacobsen, L. (2000, May 10). Huge middle school tries to feel small. *Education Week, 19*(35), 1, 16–17.

Jones, B. F., Rasmussen, C. M., & Moffitt, M. C. (1997). *Real-life problem solving: A collaborative approach to interdisciplinary learning*. Washington, DC: American Psychological Association.

Jung, C. G. (1969). *Psychology and education*. Princeton, NJ: Princeton University Press.

Juvonen, J., Le, V. N., Kaganoff, T., Augustine, C., Constant, L. (2004). *Focus on the wonder years: Challenges facing the American middle school*. Santa Monica, CA: Rand Corp.

Kantrowitz, B., Wingert, P., Brillner, D., Lumsden, M., Grunes, L. D., Kotok, D. (2006, May 8). What makes a high school great. *Newsweek, 47*(10), 50–60.

Karp, S. (2003, November 7). The No Child Left Behind hoax [Online text of talk]. *Rethinking Schools Online*. Available: www.rethinkingschools. org/special_reports/bushplan/hoax.shtml

Kaufmann, W. A. (1988). *Existentialism: From Dostoevsky to Sartre*. New York: Plume.

Kemple, J. J., & Scott-Clayton, J. (2004, March). *Career academies: Impacts on labor market outcomes and educational attainment*. New York: MDRC.

Kenniston, K. (1972). Youth: A new stage of life. In T. J. Cottle (Ed.), *The prospect of youth: Contexts for sociological inquiry* (pp. 631–654). Boston: Little, Brown.

Kerka, S. (1999). *New directions for cooperative education* (ERIC Digest No. 209). Columbus, OH: ERIC Clearinghouse on Adult Career and Vocational Education. (ERIC identifier: ED434245)

Kinney, P., & Munroe, M. (2001). *A school wide approach to student-led conferencing*. Washington, DC: National Middle School Association.

Klein, A. (2006). Public dissatisfied over key NCLB provisions, report says. *Education Week, 25*(34), 8.

Kleiner, C., & Lord, M. (1999, November 22). The cheating game. *U.S. News & World Report, 127*(2), 54.

Klingberg, T., Vaidya, C. J., Gabrieli, J. D., Moseley, M. E., & Hedehus, M. (1999, September 9). Myelination and organization of the frontal white matter in children: A diffusion tensor MRI study. *NeuroReport, 10*(13), 2817–2821.

Knowledge is power. (1957, November 18). *Time, 70*(21), 21–24.

Kohlberg, L. (1981). *The meaning and measurement of moral development*. Worcester, MA: Clark University Heinz Werner Institute.

Kohn, A. (1999). *Punished by rewards: The trouble with gold stars, incentive plans, A's, praise, and other bribes*. Boston: Houghton Mifflin.

Kovalik, S. J. (1993). *ITI, the model: Integrated Thematic Instruction*. Village of Oak Creek, AZ: S. Kovalik & Associates.

Kozloff, M. A., & Bessellieu, F. B. (2000, April). *Direct instruction is developmentally appropriate*. Wilmington, NC: University of North Carolina at Wilmington. Unpublished paper. Available: http://people.uncw.edu/kozloffm/didevelapp.html

Kozol, J. (1992). *Savage inequalities: Children in America's schools*. New York: HarperCollins.

Kozol, J. (2005). *The shame of the nation: The restoration of apartheid schooling in America*. New York: Crown.

La Mettrie, J. O. (1994). *Man a machine; man a plant* (R. A. Watson & M. Rybalka, Trans.). Indianapolis, IN: Hackett. (Original work published in 1748)

Leavitt, S. D., & Dubner, S. J. (2005). *Freakonomics: A rogue economist explores the hidden side of everything*. New York: William Morrow.

LeBar, L. E. (1987, January 1). What children owe to Comenius. *Christian History & Biography, 13*(1), 19.

LeCompte, M. D., & Preissle, J. (1993). *Ethnography and qualitative design in educational research* (2nd ed.). San Diego, CA: Academic.

Lee, J. (2006). Tracking achievement gaps and assessing the impact of NCLB on the gaps: An in-depth look into national and state reading and math outcome trends. Cambridge, MA: The Civil Rights Project at Harvard University. Available: www.civilrightsproject.harvard.edu/research/esea/nclb_naep_lee.pdf

Levinson, D. J. (1986). *Seasons of a man's life*. New York: Ballantine.

Levinson, D. J. (1997). *Seasons of a woman's life*. New York: Ballantine.

Lewin, T. (2006, February 8). Testing plan is gaining high ratings nationwide. *The New York Times,* p. A19.

Locke, J. (1994). *An essay concerning human understanding*. Buffalo, NY: Prometheus. (Original work published 1690)

Loewen, J. W. (1996). *Lies my teacher told me: Everything your American History textbook got wrong*. New York: Touchstone.

Lounsbury, J. H., & Vars, G. F. (2003, November). The future of middle level education: Optimistic and pessimistic views. *Middle School Journal, 35*(2), 6–14.

MacDonald, C. (2005, March 13). It's all work, little play in kindergarten. *Detroit News*.

Maslow, A. (1987). *Motivation and personality* (3rd ed.). New York: HarperCollins.

Maslow, A. (1987). *Motivation and personality* (3rd ed.). New York: HarperCollins.

McLuhan, M., & Fiore, Q. (1967). *The medium is the massage.* New York: Bantam.

Meier, D. (1999–2000, December/January). Educating a democracy: Standards and the future of public education. *Boston Review, 24*(1).

Meier, D. (2002). *The power of their ideas.* Boston: Beacon Press.

Merriam, S. (1998). *Qualitative research and case study applications in education: A qualitative approach.* San Francisco: Jossey-Bass.

Meyer, R. J. (2002, July). Captives of the script: Killing us softly with phonics. *Language Arts, 79*(6), 452–461. Available: www.rethinkingschools. org/archive/17_04/capt174.shtml

Molnar, A. (Ed.). (2002). *School reform proposals: The research evidence.* Greenwich, CT: Information Age Publishing.

Montessori, M. (1984). *The absorbent mind.* New York: Dell.

Morse, R., Flanigan, S., & Yerkie, M. (2005, August 29). America's best colleges. *U.S. News & World Report, 139*(7), 78.

National Association for the Education of Young Children. (1987). *Standardized testing of young children 3 through 8 years of age.* Washington, DC: NAEYC.

National Association for the Education of Young Children & National Association for Early Childhood Specialists in State Departments of Education. (2003). *Early childhood curriculum, assessment, and program evaluation:* [Online joint position statement]. Available: www.naeyc. org/about/positions/pdf/pscape.pdf

National Association of Elementary School Principals. (2004, September/October). Trends in education—Sept. 2004. *Principal, 84*(1), 50–52.

National Association of School Psychologists. (2005). NASP position statement on early childhood assessment [Online document]. Bethesda, MD: NASP. Available: www.nasponline.org/information/pospaper_eca.html

National Center for Education Statistics. (2003). *Violence in U.S. public schools: 2000 school survey on crime and safety—Statistical analysis report.* Washington, DC: Author.

National Commission on Excellence in Education. (1983). *A nation at risk.* Washington, DC: U.S. Government Printing Office.

Neill, A. S. (1995). *Summerhill School: A new view of childhood.* New York: St. Martin's Griffin.

Nichols, S. L., Glass, G. V., & Berliner, D. C. (2005, September). *High stakes testing and student achievement: Problems with the No Child Left Behind Act.* Tempe, AZ: Education Policy Studies Laboratory.

Noddings, N. (2005, September). What does it mean to educate the whole child? *Educational Leadership, 63*(1), 8–13.

Oakes, J. (2005). *Keeping track: How schools structure inequality*. New Haven, CT: Yale University Press.

Ohanian, S. (2003, December 1). Bush flunks school. *The Nation, 27*(19), 28–29.

Ohmann, R. (2000, January/February). Historical reflections on accountability. *Academe, 86*(1), 24–29. Available: www.aaup.org/publications/Academe/2000/00jf/JF00ohma.htm

Olson, L. (2002, January 30). Law mandates scientific base for research. *Education Week, 21*(20), 1, 14–15.

Olson, L. (2005, July 13). Requests win more leeway under NCLB. *Education Week, 24*(42), 20–21.

Patel, J. (2005, May 8). Prescription stimulant abused by some students anxious for edge. *San Jose Mercury News.*

Perlstein, L. (2004, May 31). School pushes reading, writing reform. *The Washington Post,* p. A1.

Perrone, V. (1991). Position paper [Association for Childhood Education International]: On standardized testing. *Childhood Education, 67,* 132–142.

Pestalozzi, J. H. (1894). *How Gertrude teaches her children*. London: Swan Sonnenschein.

Piaget, J. (1975). *The child's conception of the world*. Totowa, NJ: Littlefield, Adams.

Piaget, J. (1998). *The child's conception of space*. London: Routledge.

Piaget, J. (2000). *The psychology of the child*. New York: Basic Books.

Plato. (1986). *The dialogues of Plato*. New York: Bantam.

Pope, D. C. (2003). *Doing school: How we are creating a generation of stressed out, materialistic, and miseducated students*. New Haven, CT: Yale University Press.

Pope, J. (2005, July 10). Time off before college can be worthwhile. Associated Press Wire Release.

Powell, A. G., Farrar, E., & Cohen, D. K. (1985). *The shopping mall high school*. Boston, MA: Houghton Mifflin.

Pulliam, J. D., & Van Patten, J. J. (1998). *History of education in America* (7th ed.). Englewood Cliffs, NJ: Prentice Hall.

Rapoport, J. L., Giedd, J. N., Blumenthal, J., Hamburger, S., Jeffries, N., Fernandez, T., et al. (1999). Progressive cortical change during adolescence in childhood-onset schizophrenia: A longitudinal MRI study. *Archives of General Psychiatry, 56*(7), 649–654.

Ravitch, D. (2003a). *The language police: How pressure groups restrict what students learn*. New York: Knopf.

Ravitch, D. (2003b, Spring). The test of time. *Education Next, 3*(2), 38.

Ravitch, D. (2003c, Fall). What Harry Potter can teach the textbook industry [Online article]. *Hoover Digest, 4*. Available: www.hooverdigest.org/034/ravitch.html

Reyher, K. (2005). NCLB: Accountable for what? *LBJ Journal Online*. Available: www.lbj/index.php?journal.org/option=content&task=view&id=384

Richmond, G. (1997). *The MicroSociety school: A real world in miniature*. New York: Harper and Row.

Rogers, C. R. (1994). *Freedom to learn*. Englewood Cliffs, NJ: Prentice Hall.

Rosenthal, R., & Jacobson, L. (2003). *Pygmalion in the classroom: Teacher expectation and pupils' intellectual development*. Norwalk, CT: Crown House Publishing.

Ross, J. B., & McLaughlin, M. M. (Eds.) (1977). *The portable Renaissance reader*. New York: Penguin.

Rothstein, R. (2004, November 2). Too young to test [Online article]. *American Prospect, 15*(11). Available: www.prospect.org/web/page.ww?section=root&name=ViewPrint&articleId=8774

Rousseau, J. J. (1953). *The confessions* (J. M. Cohen, Trans.). New York: Penguin. (Original work published in 1781)

Rousseau, J. J. (1979). *Emile, or on education* (A. Bloom, Trans.). New York: Basic Books. (Original work published 1762)

Rubalcava, M. (2004, Fall). Leaving children behind [Online article]. *Rethinking Schools Online, 9*(1). Available: www.rethinkingschools.org/special_reports/bushplan/leav191.shtml

Rubin, J. S. (1989, March). The Froebel-Wright kindergarten connection: A new perspective. *Journal of the Society of Architectural Historians, 48*(1), 24–37.

Ruddle, M. (2005, December 29). Character counts at Sparrows Point Middle School [Online article]. *The Dundalk Eagle*. Available: www.dundalkeagle.com/articles/2005/12/29/news/news01.txt

Segrue, M. (1995). *Great minds part I: Second edition: Ancient philosophy and faith: From Athens to Jerusalem, lecture eight: Republic Vi–X: The architecture of reality*. Springfield, VA: The Teaching Company.

Shah, I. (1993). *The pleasantries of the incredible Mullah Nasrudin*. New York: Penguin.

Shirer, W. L. (1990). *The rise and fall of the Third Reich*. New York: Simon & Schuster.

Siegel, D. (2001). *The developing mind: How relationships and the brain interact to shape who we are*. New York: Guilford Press.

Simpson, J. A., & Weiner, E. S. C. (Eds.). (1991). *The compact Oxford English Dictionary* (2nd ed.). Oxford, England: Oxford University Press.

Singer, D. G., & Singer, J. L. (1990). *The house of make-believe: Children's play and the developing imagination*. Cambridge, MA: Harvard University Press.

Sisk, C. L., & Foster, D. L. (2004, September 27). The neural basis of puberty and adolescence. *Nature Neuroscience, 7,* 1040–1047.

Sizer, T. (1997a). *Horace's hope: What works for the American high school*. Boston: Houghton Mifflin/Mariner.

Sizer, T. (1997b). *Horace's school: Redesigning the American high school*. Boston: Houghton Mifflin/Mariner.

Sizer, T. (2004). *Horace's compromise*. Boston, MA: Houghton Mifflin/Mariner.

Skinner, B. F. (2002). *Beyond freedom and dignity*. Indianapolis, IN: Hackett. (Original work published in 1971).

Sloan, D. (Ed.) (1985). *The computer in education: A critical perspective*. New York: Teachers College Press.

Steiner, R. (1995). *The kingdom of childhood: Introductory talks on Waldorf education*. Great Barrington, MA: Anthroposophic Press.

Steiner, R. (2000). *Practical advice to teachers*. Great Barrington, MA: Anthroposophic Press.

Steiny, J. (2005, October 9). Edwatch: Get over passive learning. *Providence Journal*. Available: www.middleweb.com/mw/news/activelearning.html

Stevenson, L. M., & Deasy, R. J. (2005). *Third space: When learning matters*. Washington, DC: Arts Education Partnership.

Sunderman, G. L. (2006). *The unraveling of No Child Left Behind: How negotiated changes transform the law*. Cambridge, MA: The Civil Rights Project at Harvard University.

Taylor, J. L., & Walford, R. (1972). *Simulation in the classroom*. New York: Penguin.

Tenenbaum, D. (2003, May 1). The U.S. response to Sputnik [Online article]. *The Why Files*. Available: http://whyfiles.org/047Sputnik/main2.html

Terryn, M. (2002). *Real old rap: Grade 8*. Core Knowledge Conference, Nashville, TN: Available: www.coreknowledge.org/CK/resrcs/lessons/02_8_RealOldRap.pdf

Texas Center for Educational Research. (2001, June). *Effective instruction in middle schools*. Austin: Texas Center for Educational Research.

Thompson, P. M., Giedd, J. N., Woods, R. P., MacDonald, D., Evans, A. C., Toga, A. W. (2000, March 9). Growth patterns in the developing brain detected by using continuum mechanical tensor maps. *Nature, 404,* 190–193.

Trotter, A. (2000, April 12). Schools build own ramp onto info highway. *Education Week, 19*(31), 14.

Ullman, E. (2005, November). Familiarity breeds content. *Edutopia Online.* Available: www.edutopia.org/magazine/ed1article. php?id=Art_1397&issue=nov_5

U.S. Census Bureau. (2002, July). *The big payoff: Educational attainment and synthetic estimates of work-life earnings.* Washington, DC: U.S. Department of Commerce.

U.S. Department of Education. (2002, January 7). *Executive summary: The No Child Left Behind Act of 2001.* Washington, DC: U.S. Department of Education.

U.S. Department of Education. (2003, December). *Identifying and implementing educational practices supported by rigorous evidence: A user friendly guide.* Washington, DC: Institute of Education Sciences.

Van Dusen, L. M., & Edmundson, R. S. (2003, October). *Findings of the comprehensive summative evaluation of the JA Job Shadow Program.* Logan, UT: Worldwide Institute for Research and Evaluation.

van Gennep, A. (1961). *The rites of passage.* Chicago: University of Chicago Press.

Vinovskis, M. A. (1998). *Overseeing the nation's report card: The creation and evolution of the national assessment governing board (NAGB).* Washington, DC: U.S. Department of Education.

Vogler, K. E. (2003, March). An integrated curriculum using state standards in a high-stakes testing environment. *Middle School Journal, 34*(4), 5–10.

Von Zastrow, C., & Janc, H. (2004, March). *Academic atrophy: The condition of the liberal arts in America's public schools.* Washington, DC: Council for Basic Education.

Vygotsky, L. S. (1929). The problem of the cultural development of the child II. *The Pedagogical Seminary and Journal of Genetic Psychology, 36*(3), 415–432.

Wade, C. K. (2004, November 3). Short-order education. *Education Week, 24*(10), 3.

Wallis, C., Miranda, C. A., Rubiner, B. (2005, August 8). Is middle school bad for kids? *Time, 166*(6), 48–51.

Walters, J., & Gardner, H. (1986). The crystallizing experience: Discovery of an intellectual gift. In R. Sternberg & J. Davidson (Eds.), *Conceptions of giftedness.* New York: Cambridge University Press.

Wasley, P. A., Fine, M., Gladden, M., Holland, N. E., King, S. P., Mosak, E., & Powell, L. C. (2000). *Small schools: Great strides: A study of new small schools in Chicago*. New York: Bank Street College of Education.

Werner, H. (1980). *Comparative psychology of mental development*. New York: International Universities Press.

Whitehurst, G. J. (2001, September). Much too late. *Education Next, 1*(2), 9, 16–20.

Wigginton, E. (1973). *The Foxfire book: Hog dressing, log cabin building, mountain crafts and foods, planting by the signs, snake lore, hunting tales, faith healing, moonshining*. New York: Anchor.

Wikipedia. (n.d.). The social conception of discourse [Online section]. Discourse [Web page]. *Wikipedia, the Free Encyclopedia*. Retrieved February 18, 2006, from http://en.wikipedia.org/wiki/Discourse

Wilgoren, J. (2001, January 7). In a society of their own, children are learning. *The New York Times,* B9.

Williams, W. M., Blythe, T., White, N., Li, J., Sternberg, R. J., & Gardner, H. (1996). *Practical intelligence for school*. New York: HarperCollins College.

Wilson, N. (2005, December 14). Kids helping kids. *San Luis Obispo Tribune*. Available: www.sanluisobispo.com/mld/sanluisobispo/13402915.htm

Wiltz, S. M. (2005, July/August). Bridging the preK-elementary divide. *Harvard Education Letter*. Available: www.edletter.org/current/bridging.shtml

Winerip, M. (2005, October 5). One secret to better test scores: Make state reading tests easier. *The New York Times,* B11.

Winnicott, D. W. (1982). *Playing and reality*. London: Routledge.

Wisdom of the ages [Online article]. Available: http://members.aol.com/tigerlink/quotes.htm

Yeche, C. P. (2005, September). *Mayhem in the middle*. Washington, DC: Thomas B. Fordham Institute.

Zehr, M. A. (2005, January 12). New York City offers Firefighting 101 at New York high school. *Education Week, 24*(18), 7.

Zepeda, S. J., & Mayers, R. S. (2002). A case study of leadership in the middle grades: The work of the instructional lead teacher. *RMLE Online, 25*(1), 1–11.

Zernike, K. (2000, October 23). No time for napping in today's kindergarten. *New York Times,* A1.

索 引 *Index*

（正文旁數碼係原文書頁碼，供索引檢索之用）

註解：圖表的參照有一個 f 的字母跟在後頭。

A

Abraham Lincoln Middle School　亞伯翰・林肯國中　124

Academic Achievement Discourse　學業成就信念

　　aspects of　觀點　10-16

　　defined　定義　9-10

　　history of　歷史　16-23, 17f

　　keywords of　關鍵字　32-33

　　negative consequences　負向的後果　23-32

　　vs. Human Development Discourse　相對於人類發展信念　38f

academic pressure　學業壓力　142

accountability　績效　20-21, 58

achievement　成就　11

achievement gap　成就差異　89

ADD/ADHD　過動現象　79

Adderall　治療注意力不集中的藥物　27

adolescence, early　青少年前期　111-112, 114-117

adolescence, middle and late　青少年，中期和晚期　138-139

adult interactions　成人的互動　123-124

Advanced Placement courses　大學預修課程　137

advisory system　導師輔導系統　124

African-American students　非洲裔學生　29-30

Alexander, William　亞歷山大・威廉　111-112

America 2000　美國　22

apprenticeships　學徒制度　146-147

arts education　藝術教育　11, 23-24, 127-128

assessment methods　評量的方式　40-41, 42-43

Association for Childhood Education International　國際幼兒教育學會　78

Auld, Janice　珍妮絲・歐德　100

Aviation High School　航空高中　144

B

behaviorism　行為學派者　99

Benjamin Franklin Middle School　富蘭克林國中　129

Bergman, Ingmar　英格曼・博曼　95

The Best and the Brightest (Halberstam)　《出類拔萃之輩》（賀伯斯坦）　59

Binet, Alfred　比奈（智商測驗的原創者）　18

brain development　大腦的發展

　　about　關於　55-56

　　early adolescence　青少年前期　115-116

　　early childhood　幼兒　72-73

　　middle and late adolescence　青少年中期和晚期　138-139

Broad Meadows Middle School　百老匯草原國中　131

bullying　霸凌　119, 122

C

Cardinal Principles of Secondary Education (NEA)　《中等教育重要原則》
　（NEA）　39

career academies　職業學院　145

career preparation　職業的準備　154-155

Central Middle School　中央國中　129

charter schools　特許學校　144-145

children's museums　兒童博物館　106-107

Children with Specific Learning Disabilities Act　特殊需求學童法規　58

The Child's Conception of the World (Piaget)　《兒童對世界的認知》
（皮亞傑）　70-71

Clarkson School of Discovery　克拉森發現學校　127-128

"closing the gap,"　「縮小成就差異」　152-153

Coalition of Essential Schools　核心學校聯盟　140, 143

Coles, Robert　羅伯·柯爾斯　52

college-preperatory education　大學準備的教育　16-18, 136-137, 154

Comenius, John Amos　柯美紐斯　48

Committee of Ten　十人委員會　16-18

Committee on Secondary School Studies (1893)　中等學校研究委員會
（1893）　16-18

community-based education　社區本位的教育　104-105

computers　電腦　78-79

cooperative education　建教合作　148

core academic subject focus　核心學業科目的焦點　23-24

Core Knowledge system　核心知識系統　100-101

Craig Montessori Elementary School　克雷格·蒙特梭利學校　106

critical thinking　批判思考　10

cultural differences　文化差異　30

culture, corporate-influenced　文化，企業影響　16

curriculum core subject focus　課程核心焦點　23-24

　　fragmented, in middle school　切割零散（課程），在國中　119-120

　　individualized　個別化　41

　　standardized　標準化　12

　　standards-based curriculum　標準化本位的課程　88-89

　　student participation in developing　在發展某樣事情時讓學生參與　124-125

D

decision making　決策　130

development, human, and schools　發展，人類和學校　37, 64-65, 156f-157f

Dewey, John　杜威　51

Direct Instruction (DI)　直接教學法（DI）　24-25, 99-100

discipline problems, 62-63　訓導的問題

DISTAR (Direct Instruction System for Teaching Arithmetic and Reading)
　DISTAR（算數和閱讀的直接教學系統）　99

drama　戲劇　11, 23-24, 127-128

E

early childhood education about　關於幼兒教育的　69-70

　best practices　最佳實務工作　81-86, 86f

　developmentally inappropriate practices　適宜發展的教學實務　75-80, 85, 86f

　developmental needs　發展需求　70-73

　main purpose of　主要目標　73-75

education, etymology of　教育，語源學　39

educational funding federal involvement　教育預算（聯邦政府的參與）　20

　restricted access to　禁止使用某樣事物　25

educational release　教育釋放　148-149

The Education of Mon (Froebel)　《人本教育》（福祿貝爾）　50-51

education professionals　教育專業　26-29, 46-47

eidetic imagery　逼真的想像　72

1818 Report of the Commissioners for the University of Virginia　《1818年維吉
　尼亞大學委員會報告書》　39

Electrical Academy at Edison High School　愛迪生電學研究高級中學　145

Elementary and Secondary Education Act　初等教育與中等教育法　20, 58

elementary school education about　關於初等教育的　88-91

best practices　最佳實踐工作　103-109

developmentally inappropriate practices　不適宜發展的教學實踐工作　92f, 96-103

developmental needs　發展需求　91-93, 92f

main purpose of　主要目的　94-96

Eliot, Charles　艾略特‧查理斯　16

Elkind, David　大衛‧艾肯　56, 76

Emile (Rousseau)　《愛彌兒》（盧梭）　48-50

emotional connections　情緒的連結　120-121, 129-130, 131-132

Englemann, Sigfried　英格曼‧西格佛萊德　99

Enlightenment　啟蒙運動　44

entrepreneurial enterprises　企圖心旺盛的企業　146

equity, in education　教育均等　153

Erikson, Erik　艾瑞克‧艾瑞克森　52, 96

estrogen　雌激素　115

Every Kid a Winner: Accountability in Education (Lessinger)　每個孩子都是優勝者：教育的績效（列辛格）　21

existentialism　存在主義的　45

experiential　經驗主義的　40-41

Exploratorium　舊金山兒童探索館　107

Eyes to the Future　放眼未來　125

F

fact-based learning　知識本位的學習　100-101

FDNY High School for Fire and Life Safety　FDNY 高中　144-145

federal government　聯邦政府　20-23

Flesch, Rudolf　佛雷西‧魯道夫　19

foreign language study　外語的學習　11

Fox Cities Apprenticeship Program　福克斯城市學徒制度　147

Foxfire Experiment 狐火實驗 104-105

Foxfire School 狐火學校 105

Freud, Sigmund 佛洛伊德 52

Froebel, Fredrich 福祿貝爾（幼兒教育之父） 50-51

full-day kindergarten 上整天課程的幼稚園 80

G

Gardner, Howard 豪爾‧迦納（多元智慧創始者） 107

Gardner's theory of multiple intelligences 迦納的多元智慧理論 97

Gates, Bill 比爾‧蓋茲 135-136

generativity 生殖 59

Goals 2000: Educate America Act 目標 2000：美國教育法規 22

Goodall, Jane 珍古德 95

grade retention 留級 29-30

grading 成績等第 11-12, 30-31

growth and development 成長和發展 31-32, 42-43

H

Hand Middle School 漢德高中 128

happiness 快樂 47

Harry Hurt Middle School 哈利‧荷特國中 125

Head Start 及早開始就學方案 20

health and wellness education 生心理的健康 128-129

Helen King Middle School 海倫‧金國中 125

Highland Elementary School 高地國小 97

high school education about 關於高中的教育 135-137

   best practices 最佳實踐 142-149

   developmentally inappropriate practices 不適宜發展的教學實踐 140-142, 141f developmental needs　發展需求　138-139

Hirsch, E. D., Jr.　赫胥（核心知識概念的創始者）　100-101

history instruction　歷史的教學　11, 102

homework　作業　79-80

How Gertrude Teaches Her Children (Pestalozzi)　《格特魯德聖徒是如何教導她的孩子》（培斯塔洛齊）　50

Human Development Discourse about　關於人類發展信念　8, 34-36

　defined　定義　36-39

　history　歷史　48-56, 49f

　keywords　關鍵字　66-67

　positive consequences of　正向後果　56-66

　vs. Academic Achievement Discourse,　相對於學業成就信念　38f

humanism　人道主義　44-45

humanitarianism　人道主義者　59

human potential　人類的潛能　60-61

I

imagination　想像力　72

Improving America's Schools Act　改善美國學校教育法規　23

independence, fostering　獨立自主，培養　141

individualized instruction　個別化教學　12

Individuals with Disabilities Education Improvement Act (IDEA)　個別學生學習障礙教育改善計畫（IDEA）　20

information technology (IT)　資訊科技（IT）　10

interdisciplinary studies　跨學科領域的學習　108

internships　實習或見習　145-146

intimacy　親密　139

Iowa Test of Basic Skills　愛荷華基本能力測驗　18-19

ipsative assessment　自比性的評量　42-43

J

Jefferson, Thomas　湯瑪斯‧傑佛森　39

job shadowing　職業陪伴　148

John Morse Waldorf Methods School　約翰‧摩斯‧華德福學校　84

K

kindergartens　幼稚園　50-51, 80

Knotty Oak Middle School　老橡樹國中　127

Komensky, Jan Amos　柯美紐斯（捷克文）　48

KURA-LP (98.9 FM)　KURA 廣播電台　146

L

labeling　標籤化　58

Laboratory School (Univ. of Chicago)　實驗小學（芝加哥大學）　51

Lakeside High School　湖邊高中　146

Latino students　拉丁裔的學生　29-30

learning, intrinsic value of　學習真正的價值　30-31

learning styles　學習風格　12, 30

Lewis Middle School　路易斯國中　122

life skills education　生活技能的教育　11

Lister, Joseph　喬瑟夫‧李斯德　95

literature　文學　10, 102

M

Madison Junior High　麥迪森中學　128

magnet schools, theme-based　磁石學校（主題本位的）　144-145

Malaika Early Learning Center　馬賴卡幼兒學習中心　31

Marcus Aurelius　馬爾庫斯‧奧理留斯（哲學家皇帝）　47

Martin Luther King Jr. Middle School　馬丁路德金國中　125

math instruction　數學教學　10, 75-77, 96-98

Math Understanding through the Science of Life　透過生命科學提升數學的理解　125-126

Mayhem in the Middle (Fordham Institute)　《國中生的暴力行為》（湯姆斯·佛德翰機構）　112-113

mentoring　輔導協助　147

Metropolitan Achievement Test　都會學生成就測驗　18

MicroSociety schools　微型社會的學校　103-104

middle school education about　關於……的國中教育　111-113

　　best practices　最佳實踐工作　121-132

　　developmentally inappropriate practices　不適宜的教學實踐　114f, 117-121

　　developmental needs　發展需求　114-117

Montessori, Maria　瑪麗亞·蒙特梭利　52-53

Montessori Schools　蒙特梭利學校　105-106

multiple intelligences, Gardner's theory of　多元智慧（迦納的多元智慧理論）　97

multiple intelligences curricula　多元智慧的課程　108

"mumble strategy"　「咕嚕策略」　90

music education　音樂教育　11, 23-24, 127-128

myelination　髓鞘化　72

Myers Elementary School　麥爾小學　104

"My Pedagogic Creed" (Dewey)　〈我的教學信條〉（杜威）　51

N

National Assessment of Educational Progress　全國教育機構的評鑑計畫　20, 58

National Association for the Education of Young Children (NAEYC)　全國幼兒教育學會（NAEYC）　77

National Commission on Excellence in Education　全國卓越教育委員會　21

National Defense Education Act　國防教育法案　20

A Nation at Risk　《危機中的國家》　21-22, 35

No Child Left Behind Act of 2001　「把每個孩子帶上來」法規　8-9, 20, 36

O

Oakland Health and Bioscience Academy　奧克蘭健康與生物科學學院　145

Oakland Technical High School　奧克蘭高職　145

Opal School　蛋白石學校　107

P

Papert, Seymour　帕柏特‧山姆　78

parent involvement　家長的參與　126

pedagogy in high school　高中的教學法　140-142

innovation and diversity in　在……的創新與多樣化　63-64

and research　與研究　14, 24, 43-46

Pestalozzi, Johann Heinrich　培斯塔洛齊　50

phenomenology　現象學　45

phonics　語音學　19, 98

physical education　體育　11

physiognomic perception　觀相術的觀點　71

Piaget, Jean　皮亞傑　54, 70-71, 76, 91-92

plagiarism　抄襲　26

play, importance in childhood　嬉戲，在幼兒階段的重要性　73-75

politicians control and power　政客的控制和權力　15, 27-28, 46

portfolios　檔案資料夾　77

Portland Children's Museum　波特蘭兒童博物館　107

positivism　實證主義　44

Practical Intelligence for School project　學校實用智慧計畫　127

problem solving　問題解決　10

project-based learning　專題本位的學習　108

puberty, onset　青春期的開始　114-117

R

Rabun Gap-Nacoochee School　拉班蓋普—諾可奇中學　104-105

readiness　準備度　13

reading instruction　閱讀教學　10, 19, 75-77, 96-98

"real world" preparation　與「真實世界」的分隔　139, 142, 154-155

recess　下課休息時間（通常在戶外奔跑）　80

Reggio Emilia schools　瑞吉歐學校　82-83

relationships, student-adult　學生與成人之間的關係　123-124

Republic (Plato)　《共和國》（柏拉圖）　48

research data, and pedagogy　研究資料（與教學法的）　14, 24, 43-46, 68

retention, grade　留級　29-30

Richmond, George　喬治・里查曼　103-104

Ritalin　利他能　27

rites of passage　過關的儀式　116-117

role models, positive　角色楷模（正向的）　125-126

Romantic period　羅曼蒂克的時期　44-45

Roseville Community Preschool (RCP)　羅絲微爾社區托兒所　81-82

Rousseau, Jean-Jacques　盧梭　48-50

S

safety, school　校園安全　119, 122-123

Salem High School　沙崙高中　146

school size　學校大小　118-119, 123

science education　科學教育　10

scripted teaching programs　文章段落教學計畫　99-100

self-fulfilling prophecies　自我實現的預言　61

service learning　服務學習　147

sex education　性教育　128-129

"shopping mall high school"　「購物中心型的高中」　140

simulated classrooms　模擬的教室　108

Sizer, Theodore　西奧多‧席擇　140

social development　社會發展　56-58

social sciences　社會科學　11

Sparrows Point Middle School　麻雀尖嘴國中　122

special education　特殊教育　58

Sputnik I launch　史普尼克太空船的發射　19-20

standardized testing　標準化測驗

　　about　關於　11-12

　　artificiality of　人工的　40

　　in early childhood　在幼兒早期　77-78

　　history of　……的歷史　18

　　teaching to the test　考試領導教學　25

standards-based curriculum　標準本位的課程　88-89

Stanford-Binet intelligence test　史丹佛—比奈的智力測驗　18

Stanford Achievement Test　標準化成就測驗　18

Steiner, Rudolf　魯道夫‧史戴納　53-54

stress　壓力或張力　28-29

students　學生

　　cheating and plagiarizing　作弊和抄襲剽竊他人文章　26

　　emotional connection and growth　情緒的連結與成長　120-121, 129-130,
　　131-132

　　empowerment　賦權增能　130

　　illegal performance aids used by　使用非法的方式提高表現水準　27

metacognition 後設認知 126-127

social problems 社會問題 59-60, 62-63

stress 壓力或張力 28-29

student-adult relationships 學生與成人的關係 123-124

student-teacher roles 學生—老師的角色 143-144

varied strengths of 不同的優勢 57-58

synesthesia 共同感受 71-72

T

Talent Middle School 泰蘭德國中 130

teachers 老師

empowerment of 賦權增能 61-62

student-teacher roles 師生角色 143-144

substitutes 替代，代課老師 119

teaching to the test 考試領導教學 25

Teller, Edward 泰勒·愛德華 19

Terman, Lewis 特曼·路易斯 18-19

testosterone 睪丸素 115

textbooks 教科書 101-103

thematic instruction 主題化的教學 108

Thorndike, Edward L. 桑戴克·愛德華 18-19

Tolenas Elementary School 拖勒那斯國小 105

tracking 能力分班 140-141

Turning Points 2000: Educating Adolescents in the 21st Century 《2000 年轉捩點：教育 21 世紀青少年》 120

V

van Dyke, Henry 亨利·范·戴克 47

violence, in schools 校園的暴力 119, 122-123

vocational education　職業教育　11

Vygotsky, Lev　維高斯基　54-55

W

Walden III Middle School　華登三世國中　132

Waldorf Education　華德福教育　53-54, 83-85

Weaving Resources Program　編織資源計畫　106-107

Webb Middle School　偉伯國中　130, 132

Werner, Heinz　溫拿‧漢斯　71

West Hawaii Explorations Academy　夏威夷探索學院　144

Why Johnny Can't Read (Flesch)　《強尼為何不會閱讀》(佛雷西)　19

Wigginton, Eliot　威京頓‧艾略特　104-105

worksheets　習作或學習單　101-103

writing instruction　寫作教學　10, 96-98, 130-131

國家圖書館出版品預行編目資料

最夯的學校／Thomas Armstrong 著；
　陳佩正譯 .-- 初版 .-- 臺北市：心理 , 2008.05
　　面；　公分 .--（教育現場；23）
參考書目：面
含索引
譯自：The best schools: how human development
　　　research should inform educational practice
ISBN 978-986-191-144-1（平裝）

1. 學習心理學　2. 發展心理學　3. 兒童發展

521.1　　　　　　　　　　　　　　　　　97008117

教育現場 23　　**最夯的學校**

作　　　者：Thomas Armstrong
譯　　　者：陳佩正
執 行 編 輯：李　晶
總　編　輯：林敬堯
發　行　人：洪有義
出　版　者：心理出版社股份有限公司
社　　　址：台北市和平東路一段 180 號 7 樓
總　　　機：(02) 23671490　　傳　真：(02) 23671457
郵　　　撥：19293172　心理出版社股份有限公司
電 子 信 箱：psychoco@ms15.hinet.net
網　　　址：www.psy.com.tw
駐 美 代 表：Lisa Wu　　　tel: 973 546-5845 fax: 973 546-7651
登　記　證：局版北市業字第 1372 號
電 腦 排 版：葳豐企業有限公司
印　刷　者：正恒實業有限公司
初 版 一 刷：2008 年 5 月

讀者意見回函卡

No. _____   填寫日期： 年 月 日

感謝您購買本公司出版品。為提升我們的服務品質，請惠填以下資料寄回本社【或傳真(02)2367-1457】提供我們出書、修訂及辦活動之參考。您將不定期收到本公司最新出版及活動訊息。謝謝您！

姓名：_____ 性別：1□男 2□女

職業：1□教師 2□學生 3□上班族 4□家庭主婦 5□自由業 6□其他____

學歷：1□博士 2□碩士 3□大學 4□專科 5□高中 6□國中 7□國中以下

服務單位：_____ 部門：_____ 職稱：_____

服務地址：_____ 電話：_____ 傳真：_____

住家地址：_____ 電話：_____ 傳真：_____

電子郵件地址：_____

書名：_____

一、您認為本書的優點：（可複選）

　❶□內容 ❷□文筆 ❸□校對 ❹□編排 ❺□封面 ❻□其他____

二、您認為本書需再加強的地方：（可複選）

　❶□內容 ❷□文筆 ❸□校對 ❹□編排 ❺□封面 ❻□其他____

三、您購買本書的消息來源：（請單選）

　❶□本公司 ❷□逛書局⇒_____書局 ❸□老師或親友介紹

　❹□書展⇒____書展 ❺□心理心雜誌 ❻□書評 ❼其他_____

四、您希望我們舉辦何種活動：（可複選）

　❶□作者演講 ❷□研習會 ❸□研討會 ❹□書展 ❺□其他____

五、您購買本書的原因：（可複選）

　❶□對主題感興趣 ❷□上課教材⇒課程名稱_____

　❸□舉辦活動 ❹□其他_____   （請翻頁繼續）

| 廣 告 回 信 |
| 台 北 郵 局 登 記 證 |
| 台 北 廣 字 第 940 號 |

（免貼郵票）

 心理出版社 股份有限公司

台北市 106 和平東路一段 180 號 7 樓

TEL: (02) 2367-1490
FAX: (02) 2367-1457
EMAIL:psychoco@ms15.hinet.net

沿線對折訂好後寄回

六、您希望我們多出版何種類型的書籍

❶□心理 ❷□輔導 ❸□教育 ❹□社工 ❺□測驗 ❻□其他

七、如果您是老師，是否有撰寫教科書的計劃：□有□無

書名／課程：＿＿＿＿＿＿＿＿＿＿＿＿＿＿＿＿＿＿＿

八、您教授／修習的課程：

上學期：＿＿＿＿＿＿＿＿＿＿＿＿＿＿＿＿＿＿＿＿＿＿

下學期：＿＿＿＿＿＿＿＿＿＿＿＿＿＿＿＿＿＿＿＿＿＿

進修班：＿＿＿＿＿＿＿＿＿＿＿＿＿＿＿＿＿＿＿＿＿＿

暑　假：＿＿＿＿＿＿＿＿＿＿＿＿＿＿＿＿＿＿＿＿＿＿

寒　假：＿＿＿＿＿＿＿＿＿＿＿＿＿＿＿＿＿＿＿＿＿＿

學分班：＿＿＿＿＿＿＿＿＿＿＿＿＿＿＿＿＿＿＿＿＿＿

九、您的其他意見

謝謝您的指教！

41123